日本株
黄金の時代が始まる

日本経済新聞 編集委員
鈴木 亮
SUZUKI RYO

日本経済新聞出版

はじめに

日本の株式市場に革命と言っても良いくらいの、大きな変革が起きている。２０２４年２月22日、日経平均株価は１９８９年12月の大納会で付けた過去最高値、３万８９１５円を34年ぶりに上回った。その後も上昇の勢いは止まらず、３月４日には初めて４万円の大台に乗せた。

筆者が日本経済新聞社に在籍している間に見ることはないだろうと思っていた過去最高値の更新。その背景には、これまでの常識では考えられないような大きな変革が起きていた。期初は微減益予想だが、最終的な着地では、４期連続で最高益をうかがう企業業績、33年ぶりの大幅な賃上げ、17年ぶりとなる日銀の利上げ、東京証券取引所の企業への改革要請、新しい少額投資非課税制度（新ＮＩＳＡ）の導入、相次ぐ大型のＭ＆Ａなど、これほどの大きな変革がいっぺんに起きた。ドル円相場も24年４月に１ドル１６０円台と34年ぶりの円安になった。円安は日本株相場にとってマイナス面もあるが、企業業績にとっては追い風になる。日本の長期金利が11年ぶりに１％台となったのは、日本経済回復の足取りを示している。歴史的な変化の波が一気に押し寄せた結果が日経平均の過去最高値更新、初の４万円乗せだ。

今までなら考えられなかったような、大きな前向きな変化が次々に起きているのだから、歴史的な上げ相場は驚くべきことでもないし、ここで天井を迎えるわけでもない。1999年、日本がデフレ経済の入口で苦悩していたころ、大ヒットした曲があった。モーニング娘。が歌った「LOVEマシーン」という曲だ。そのサビの部分、「日本の未来は（Wow×4）、世界がうらやむ（Yeah×4）」、当時はそんな状況はあり得ないと思っていた。今まさに世界が日本に注目し、日本に投資する時代がやってきた。外国人投資家は24年の1月から、日本株への投資を再開し、5月までに5兆円近く買い越した。株式への間接投資だけではない。世界の有力半導体企業が日本に次々と工場を建設、直接投資の盛り上がりも、目を見張るばかりだ。

筆者が日本経済新聞に入社した1985年4月、当時はまだ日経ダウ平均と呼ばれていた株価指数は、1万2000円台だった。プラザ合意、ブラックマンデーなどの逆風に耐え、その後のバブル経済を謳歌した日本株だったが、1990年以降はデフレの波にのみ込まれた。リーマン・ショックを経て、2009年には7000円割れ寸前まで追い込まれた。そこからの反転、進撃の4万円超えだ。感慨深い。

デフレの時代に染みついた慎重な発想、後ろ向きの考え方では到底、理解できない大きな転換が今、日本の会社に、日本の個人投資家に、日本の株式市場に起きている。そしてその変革を素直に評価し、真っ先に動いたのは、今回もまた海外の投資家だった。

日本株市場に今起きている「革命」は始まったばかりだ。簡単には終わらない。ここから30年くらいかけて、日本株は現在の位置からは想像もつかないような高い次元へと、緩やかに登っていくと期待している。バブル崩壊から34年、長い暗い時代は終わった。ここからは日本株の黄金の時代が始まると信じたい。筆者は記者生活の大半をマーケット取材に費やしてきた。これまで見たもの、聞いたもの、感じたことを踏まえて、ここから先の明るい日本株市場を展望したい。

2024年5月

日本経済新聞　編集委員　鈴木亮

目次

第2章

33年ぶりの賃上げが17年ぶりの利上げにつながった

第3章 24年の急騰がバブルではないと断言できる理由 67

第4章 海外が注目する日本――設備投資急増のワケ 89

第5章 成長にカネを使い始めた日本企業

第6章 日経平均7万8000円も理論上はありうる 143

第7章 日本株相場の先行きに潜むリスク 169

第8章 これから注目のスタートアップ企業 189

第9章

私の見方、日本株はこれからどうなる

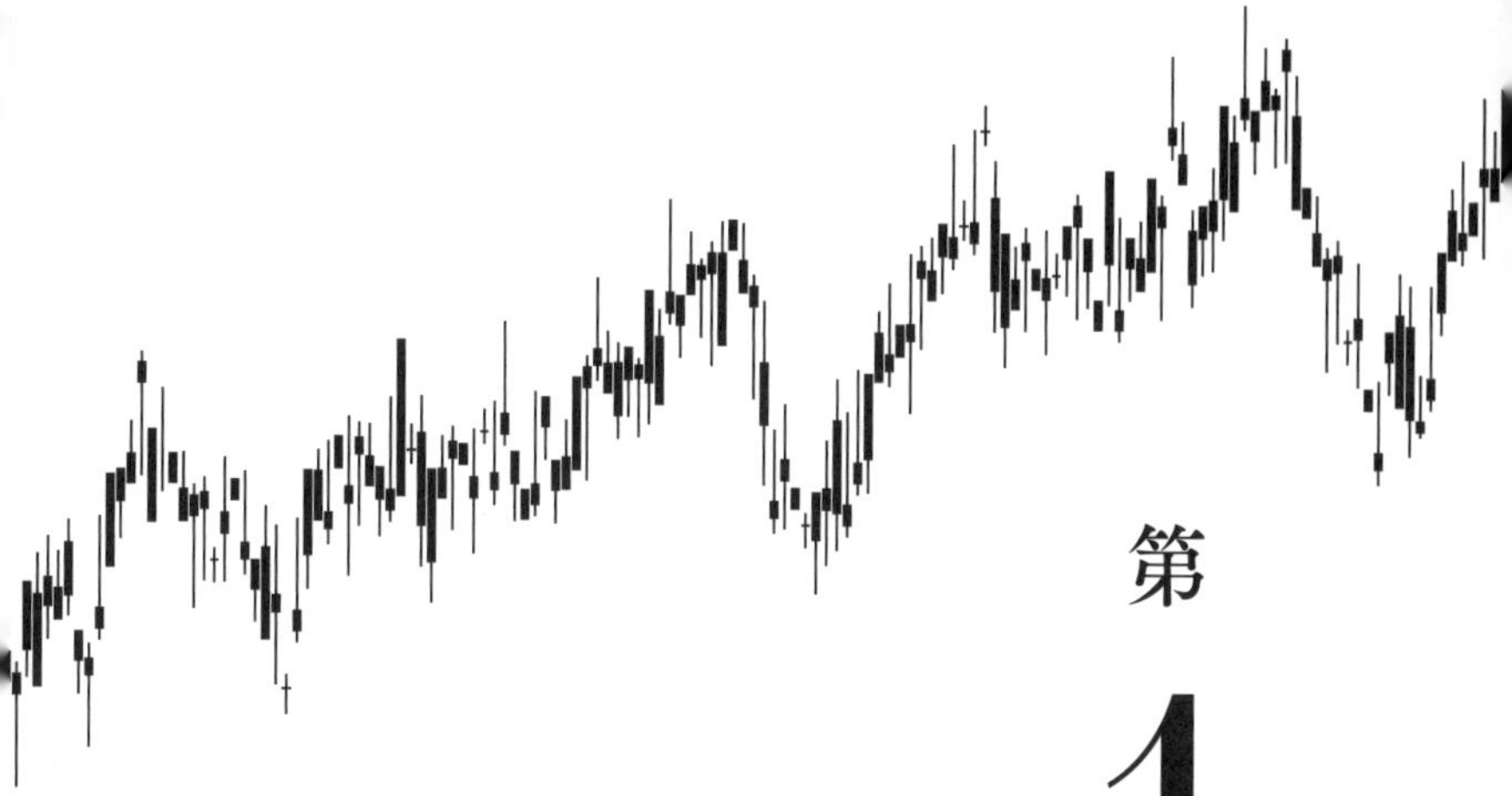

第1章

日本株　黄金の時代が始まる

日経平均株価が前人未踏の4万円に

2024年2月22日、歴史が動いた

2024年2月22日、東京株式市場は朝から沸き立っていた。日経平均株価が3万8000円台に乗せてから1週間、なかなか到達しない高嶺を前に足踏みが続いていたが、前日の米国市場で半導体大手、エヌビディアが予想を上回る好決算を発表し、日経平均への影響度が大きい東京エレクトロン、アドバンテストなど半導体関連企業も買い物が先行した。円相場が1ドル150円台まで下落したことも追い風となり、日経平均はこの日836円高と急騰、終値でも3万9098円と、ついに1989年12月の大納会で付けた過去最高値、3万8915円を超えた。

この日、証券会社のディーリングルームでは、過去最高値を更新した瞬間から拍手が鳴りやまず、くす玉を用意した中堅証券もあった。BSテレビ東京の報道番組「日経プラス9」はこの日、2月22日と2が並ぶことで、ニャンニャンニャン、猫の日と銘打った特集を用意していたのだが、日経平均の最高値更新のニュースで特集は飛んだ。筆者は毎週金曜日にテレビ東京の番組配信サイト、テレ東BIZで「金曜3時のマーケットライブ～Bull と Bear ～」という生配信番組をやっているのだが、最高値更新の翌23日金曜日は天皇誕生日でお休みとなり、日経平均バブル超えの興奮をお伝えすることができなかった。

日経平均は24年2月22日に史上最高値をつけた（共同通信社）

【図表1-1】1980年からの日経平均株価

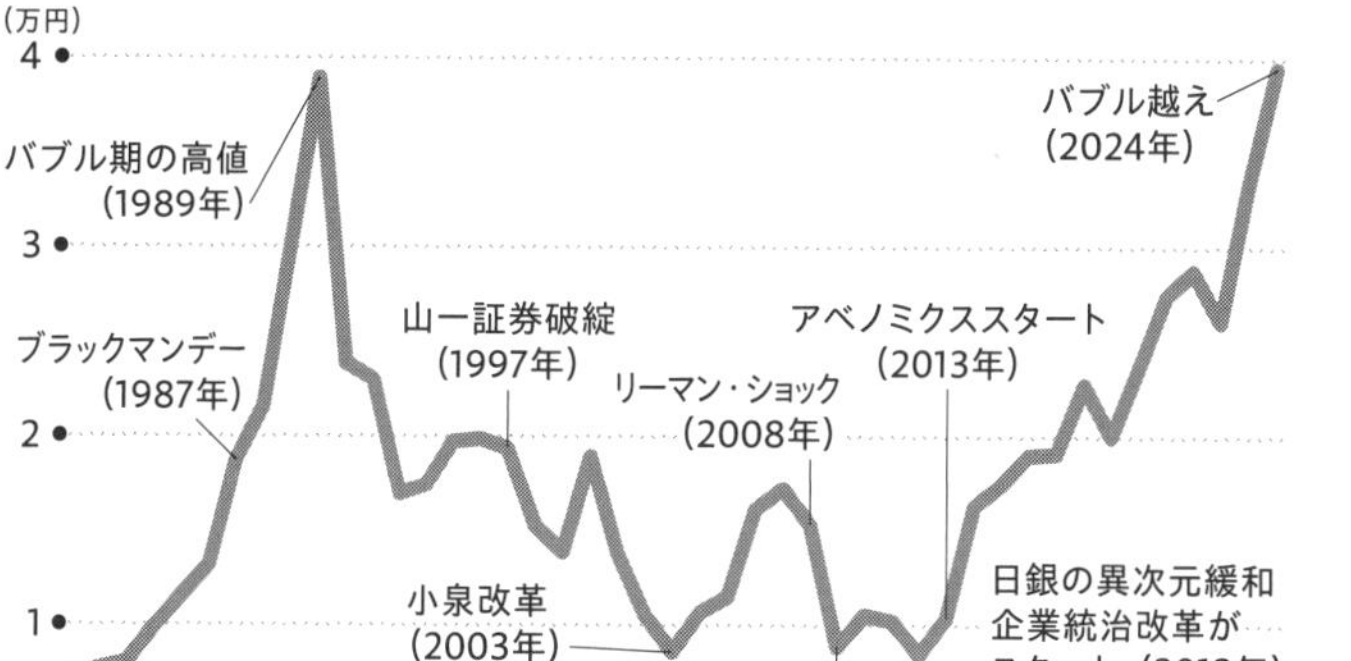

3万8915円をもじって、「砂漠行こう（38915）」などと市場関係者の間で話題になっていた日経平均の過去最高値。24年1月4日大発会の時点では3万3288円（終値）だったから、そう簡単には到達しないだろうとの見立てが大半だった。筆者も高値更新は早くても秋ごろかなと思っていた。実際には、わずか2カ月弱で6000円近くも上昇した日経平均。東証プライム市場の時価総額は2月22日時点で943兆円と、23年末から102兆円も増えた。わずか2カ月弱の間に、一気に過去最高値まで駆け上がった日本株相場。いったい何が起きたのだろうか。

主役は海外投資家

この上昇相場、買いの主役はまたしても海外投資家だった。年初からの7週間で、買い越し額は2兆7000億円に達した。海外投資家が日本株を買い始めたのは、23年10月ごろからだ。それまで日本株を売っていた。2015年の後半から売り続けていた。2013年に始まったアベノミクス相場で海外投資家は初年度、15兆円の買い越しとなり、15年6月あたりまでに買い越し額は累計21兆円になったが、そこがピークだった。以後は売りに回り、日本株を売った資金で、代わりに中国株を買う欧米の投資家が増えた。

バフェット氏は日本の商社株を買い増ししていた（AP／アフロ）

そんな海外の投資家が日本に戻ってきた。約10年ぶりの回帰になる。海外投資家が日本株に関心を持ち始めたのは、23年の6月ごろからだろう。23年5月、海外の投資家がカリスマと尊敬するウォーレン・バフェット氏が、日本の商社株に大量の買い増しをしていることが表面化した。これがきっかけだった。バフェット氏は93歳、世界最大の投資会社、バークシャー・ハザウェイの会長兼最高経営責任者（CEO）であり、筆頭株主でもある。1965年に同社の経営に参画して以来、桁違いの運用成果を出し続けている。「50年後も持っていたい株を買う」「10年以内に売るような株は買うべきではない」と日ごろから公言しており、長期投資が基本スタンスだ。

そんなバフェット氏は日本の総合商社5社に注目し、22年以降、買い進めてきた。24年2月に発行済み株式の9％以上を保有していることが明らかになった。この事実はバークシャー・ハザウェイ社による「株主への手紙」によって周知された。これは毎年、世界中の投資家が注目する書簡だ。その中で日本の5大商社について、「適切に経営され、評判の高い各社と連携し、世界各地で投資機会につながる可能性があることも恩恵だ」と指摘した。これを受けて、三菱商事、三井物産、住友商事、伊藤忠商事、丸紅の株価は急騰し、上場来の高値を相次いで更新した。バフェット氏のバークシャー・ハザウェイは24年4月、円建て社債の発行を決めた。3年債、5年債、6年債、7年債、10年債、20年債、30年債の7本で合計2633億円だ。調達した円資金で、日本株をさらに買い増すとみられる。

カリスマとあがめるバフェット氏が買っている日本株。外国人投資家が自分のポートフォリオを見てみると、日本株をまったく持っていない。年金基金、政府系の投資ファンド、ミューチュアル・ファンドなど、いわゆる足の長い資金と呼ばれる長期投資家は、グローバルで資金を運用する。世界を米国、欧州、アジアなどの地域に分け、資金を適切に配分する。アジア株という投資の枠組みの中で、海外の機関投資家は中国株を中心にポートフォリオを組んできた。日本企業は成長しない、中国企業は大きく伸びるとみていたからだ。2019年までは、この投資手法がうまくいっていた。ところがコロナ禍があり、米国と中国の経済的な対立も激しくなり、風向きが変わった。中国株への投資がしにくくなった。アジアという投資枠の中で、中国の代わりに投資の受け皿になる国はどこか。それは日本しかなかった。

ところが多くの機関投資家は社内に日本株を運用できるファンドマネージャーがいなかった。なんせ10年間、投資対象になっていない国だ。23年秋ごろから、欧米のファンドは競うように日本株の運用担当者を採用し、急ピッチで体制を整えた。そうしたファンドの資金が24年1月以降、雪崩を打って日本株市場に流れてきた。今、日本株を買っている海外のファンドマネージャーたちは、2013年のアベノミクス相場も2003年の小泉郵政改革相場も知らない。いわば新参者、新外国人といっていい人たちだ。そういう新外国人たちが競うように、「とにかく乗り遅れるな」と、日本株を買っている。

24年になって、米国の証券金融の拠点であるウォール街で、「FOMO」という言葉が生まれた。Fear Of Missing Out の略で、取り残されることに対する不安を意味している。日本株の上昇に取り残される恐怖。自社は日本株を保有していない。ライバルが日本株で大きな利益を上げていたら、年末の自分の評価は厳しいものになる。実は2023年の通期実績でみても、日本株の上昇率は日経平均で28・2%と、ニューヨークダウの13・7%、ドイツのDAX指数の20・3%、フランスのCAC40指数の16・5%などと比べても高かった。企業業績や株価収益率などを考えても、日本株の割安さに海外投資家は気がつき、日本株を持たないリスクを真剣に考えるようになった。

【図表1-2】海外投資家は24年1-2月に日本株を大きく買い越した

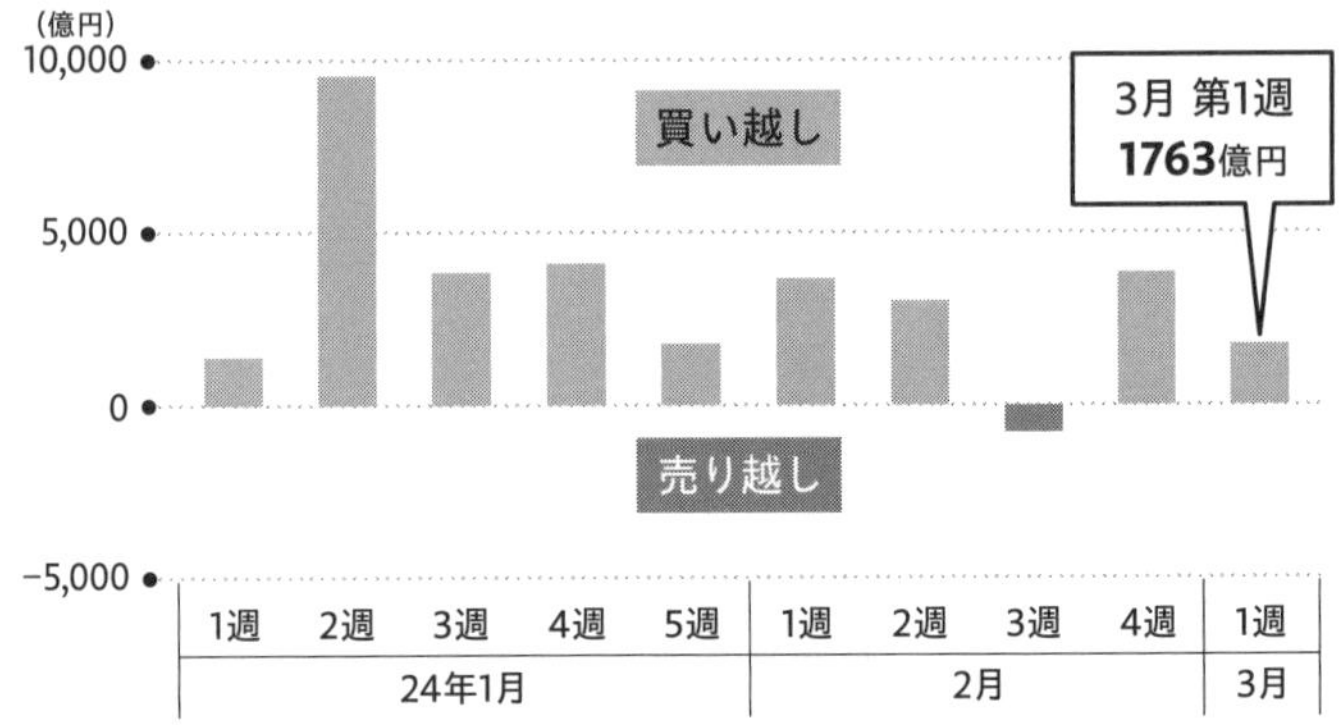

出所：東京証券取引所（2市場投資部門別売買状況）

新外国人たちにとって、日経平均の3万8915円という数字は、まったく意味がない。「34年ぶりだ」「歴史が動いた」と感慨に浸っているのは日本人だけで、ここ数カ月で初めて日本株に接し始めたばかりの外国人ファンドマネージャーにとって、関心のない数字だったのだろう。

まして彼らの多くはドルベースで運用成果を把握する。日経平均が過去最高値更新となった24年2月22日のドル建ての日経平均をみると、259・78ドルだ。最高値となった2021年2月の289ドルに比べると、まだ上値余地がある。円安の影響が大きいのは間違いないが、ドルベースでみた日本株相場に過熱感は小さい。日本人の市場関係者の多くは、「日経平均は過去最高値を超えたから、目先は一服感が出るだろう」と考えた。実際の相場はそれから2週間足らずで、初の4万円台乗せへと騰勢はまったく衰えなかった。新外国人の運用担当者たちの考えや動きを、筆者も含め日本人のベテラン市場関係者は見抜けなかった。

24年1月から日本株市場に起きている変革が、これまでの常識や既存の物差しでは測ることができないまったく新しい変化の波だとしたら、この上昇相場は簡単には終わらない。そう考えてもいいのではないか。

海外の年金基金など長期資金は、高い配当利回りの大型株を好む。ある程度、まとまった規模の資金を投じるので、流動性の高い大型株の方がいい。バフェット氏の手法にならって、配当を重視する投資手法も増えている。純利益のうち、どの程度を株主のために使っているかを示す指標、総還元性向は、日本では平均50％程度だ。90％程度の米国に比べて低い。この数字が徐々に高まっていけば、日本株の投資魅力は増す。外国人投資家の24年1月から2月にかけての買い越し額は、3兆4１9億円となり、23年1年間の買い越し額と並んだ。海外勢の日本株への再投資は始まったばかり。24年はアベノミクス相場の初年度、２０１3年の年間買越額15兆円に迫る可能性もあるだろう。

最大の株高要因は大幅に伸びた企業業績

24年1月から2月にかけて、海外の投資家が大きく買い越した日本株。この間、日本の株式相場では好材料が重なった。まず企業業績だ。1月後半から2月半ばにかけて発表された上場企業の23年4－12月期決算では、製造業の純利益が20％、非製造業では26％増え、両輪そろい踏みの構図ができ上がった。

筆者が驚愕したのは第3四半期にあたる23年10－12月期の決算だ。製造業の増益率は34％、非製造業は75％と、見たことがないような高い増益率となった。全体でも53％の増益となり、これを受けて、24年3月期通期の予想を上方修正する企業が相次いだ。通期では金融含む全産業ベースで13％増益予想となり、3期連続の最高益更新が確実になった。24年5月にまとまった24年3月期の決算は、着地が18％の増益となった。一方で、25年3月期の予想では、全体で4％の減益予想となった。期初の予想が慎重なのはいつものことで、24年3月期も当初は3％増益予想だった。それが18％増益で着地している。25年3月期も期中に予想の上方修正が入り、最終的には4期連続の最高益となりそうだ。

企業業績が大きく伸びた理由は、日本が長年苦しんだデフレ経済から脱却できたためだ。賃上

【図表1-3】2023年10-12月期決算は大幅な増益となった

（純利益増加率 2024年2月14日時点）

	23年10-12月期	23年4-12月期
製造業	33.9	19.9
非製造業	75.0	26.3
金融含む全産業	53.4	23.1

出所：日本経済新聞社

げ継続の機運が高まり、企業は自信をもって値上げに動き出した。山崎製パン、キユーピーなど食品会社で増益が相次いだほか、JFEホールディングス、コマツなども値上げ効果で業績が改善した。賃上げで家計の消費する力が強まり、レジャー、電鉄、空運、外食などでも、大幅増益や最高益更新が相次いだ。コロナ禍で我慢してきたモノ消費、コト消費が、ともに大きく動き出した。

特にコロナ禍で外出を控えていた日本の富裕層の消費意欲が旺盛だ。20年に支給された国民1人あたり10万円の支援金も、富裕層では使わなかった人が多い。日銀の調査データによると、20年から22年にかけて、家計の金融資産は20％程度増えている。

23年5月に新型コロナウイルス感染症が5類感染症に位置づけられた。いわゆる5類移行により、富裕層マネーが一気に動き出した。法律に基づく外出自粛が求められなくなり、外出は個人の判断に委ねられるようになった。政府が買い物や外食、旅行などに公的な許可を出したようなもので、富裕層は安心して消費を始めた。

百貨店ではブランド品、高級化粧品、宝飾品、腕時計など高額な商品が売れ始め、大手百貨店では23年5月以降、既存店売上高が前年同期比で50％増から2倍になる例も出てきた。

久々の旅行需要も盛り上がったが、コロナ5類移行後も、円安の影響もあってか海外旅行はそれほど需要が盛り上がらない。逆に人気に火が付いたのは、国内の豪華旅行だ。星野リゾートなど富裕層に人気の高額宿泊施設が注目され、当時取材した星野リゾートの役員は「高額な部屋から売れていく」と、急激な需要の盛り上がりに驚いていた。

米国を中心とする海外での売り上げ増に円安効果も手伝って好調な製造業、コロナ明けの旺盛な内需が後押しする非製造業がそろい踏みとなり、企業業績が大きく拡大した。その結果、日本株の投資指標も大きく改善した。

24年2月半ばに決算発表が一巡した時点で、日経平均ベースの1株あたり利益（ＥＰＳ）は２３３７円と、決算発表前の２２８０円から３％弱増えていた。相場の割高、割安を映す指標である株価収益率（ＰＥＲ）は、15・7倍から16・1倍まで上昇した。ＰＥＲが高い水準を許容できるようになると、相場の先高期待を示すことになる。ＥＰＳとＰＥＲ、この２つの数字の掛け算になる株価が大きく上昇した。日経平均が過去最高値を更新した2月22日の時点で、ＥＰＳは２３７４円、ＰＥＲは16・47倍で、この２つを掛けると、３万９０９８円になる。

東証も株高を後押し

もう1つ、株高の要因として見逃せないのが、東京証券取引所による上場企業への様々な改善要請だ。東証は23年3月末、「資本コストや株価を意識した経営の実現に向けた対応」と題する指針を発表した。これは22年4月にまとめた「コーポレートガバナンス改革の実質化に向けたアクション・プログラム」に端を発する。この中で東証は、上場企業に収益性と成長性を意識した経営をするように求めた。

わかりやすく言えば、企業の経営者に向けて「もっと資本を有効に活用し、事業を伸ばし、稼ぐ力を高めよ」、「株主をもっと意識し、株価が上昇するように努力せよ」と発破をかけたわけだ。24年1月から、東証は一連の要請に対する企業の取り組みをフォローし、進展があった企業については毎月、その成果を報告、発表するように求めることになった。一覧表で毎月公表されるので、企業は真剣に取り組まざるを得なくなった。24年1月には金融庁も「東証と連携し、この取り組みを後押しする」と声明を発表した。

一連の東証による企業への改革要請で、市場は企業が資本を有効に活用しているかどうかを示す指標である自己資本利益率（ＲＯＥ）に注目した。さらに注目したのが、長年低い水準に沈んでいた株価純資産倍率（ＰＢＲ）の改善に向けた動きだった。

東証は23年３月、「資本コストや株価を意識した経営の実現に向けた対応等に関するお願いについて」と題する指針の中で、上場企業の多くでＰＢＲ１倍割れが起きていることを問題視し、「資本収益性や成長性の観点で課題がある」と指摘した。日本株のＰＢＲの低さは以前から海外投資家の不満のタネだった。

ＰＢＲ（Price Book-value Ratio）とは、企業の株価と純資産の比率を示す指標だ。株価を１株あたりの純資産で割って求める。企業評価や投資判断の目安として用いられる指標の１つだ。ＰＢＲが１倍を上回る企業は、企業が自社の資産を有効に活用し、付加価値を生んでいることを意味する。一方、ＰＢＲが１倍を下回る企業は、理論上、手掛けている事業から得られる利益よりも、この瞬間に会社を解散し、全資産を売却して現金化した方が、株主にメリットがあることを意味する。企業に対して市場が今後の利益成長を期待しておらず、株式価値よりも解散価値の方が高いことになるため、ＰＢＲ１倍は解散基準とも言われる。

23年３月の東証の指針発表の前、東証プライム市場、スタンダード市場に上場する約３３００社のうち、ＰＢＲが１倍を割り込む企業は約１８００社と、５割を超えていた。米国の代表的な株価指数であるＳ＆Ｐ５００種株価指数や、欧州の主要な株価指数の構成銘柄でも、ＰＢＲ１倍割れ企業の割合はせいぜい１割程度だ。

東証が背中を押したＰＢＲ1倍回復に向けた要請は功を奏した。1年後の24年3月4日に日経平均が初めて4万円を超えた時、日経平均ベースのＰＢＲは1・52倍、東証プライム市場は1・45倍まで回復していた。長く1倍割れ状態だった東証スタンダード市場でさえ1・04倍と、1倍割れから脱却した。

急増した自社株買い

企業はなぜ、わずか1年で東証の要請に応え、ＰＢＲを改善することができたのか。経営者がまず取り組んだのが、自社への投資魅力を高め、株価を上げることだった。手っ取り早い方法の1つが、自社株買いだ。

自社株買いとは、企業が自社の株式を市場から買い戻すこと。自社株買いをすると、市場に出回る株式数が減少するため、株主にとって1株あたりの利益配分が増えることになる。自社株買いは株主への利益還元だけでなく、株主を大事にする会社であるという前向きなメッセージにもなる。投資家の関心が高まり、その会社の株式を購入する人が増えれば、株価が上がりＰＢＲも改善する。

自社株買いで手元に戻した株式は、消却するか、金庫株として保管することができる。役員や従業員に付与するストックオプションとして活用することもある。自社株買いのメリットの1つに、海外の投資家が重視する自己資本利益率（ROE）の向上もある。ROEは企業がどれだけ効率よく株主資本を活用し、利益を上げているかを示す指標だ。日本企業は欧米に比べてROEが低いと指摘されてきたが、自社株買いが増えて、全体のROEは24年3月期に9・7％と、前の期より0・5％伸びた。

24年1月以降、日本を代表する大型企業が相次いで自社株買いに動いた。市場が最も驚愕したのは三菱商事だ。2月6日に発表があった三菱商事の自社株買いは、発行済み株式の10％にあたる4億1700万株、金額にして5000億円で、すでに発表済みの1000億円分と合わせて6000億円と巨額の自社株買いになった。同社は24年3月期に配当を2900億円支払うため、自社株買いと配当を合わせた株主還元は総額8900億円になった。純利益に対する総還元性向は94％と、米国企業並みの高水準となり、この発表を受けて翌2月7日、株価は247円高と急騰した。

ほかにもキヤノン（発行済み株式の3・3％にあたる1000億円）、ENEOSホールディングス（同22・68％にあたる2000億円）、野村ホールディングス（同4％にあたる1000億円）など、大型の自社株買いが相次いだ。23年通期の自社株買いは総額9兆6000億円と、2年続けて過去最高になった。24年はこれをさらに上回り、過去最高を更新する勢いだ。トヨタは25年4月までに1兆円の自社株買いに踏み切る。ホンダも3000億円の自社株買いを決めた。日本郵船、商船三井も1000億円の自社株買いに動く。24年4月から5月半ばにかけて、自社株買いは5・6兆円となり、23年の同時期の2・9兆円から大幅に拡大している。

ここ数年の米国株相場を押し上げた最大の要因は自社株買いだ。23年は課税強化への懸念などから頭打ちとなったが、ここ5年間でみても、米国における平均の自社株買い額は年間70兆円を超える規模だ。代表的な株価指数の1つ、ダウ・ジョーンズ工業株30種平均やS&P500種指数が、過去最高値を更新し続けた原動力だった。日本でもこのまま自社株買いが増え続けると、米国株と同様、中長期での株価上昇のエンジンになるだろう。

増配や株式分割も相次ぐ

日本企業が株主への還元策を強めている。自社株買いだけでなく、増配や、株式の投資単位を引き下げる株式分割が増えている。24年1月以降、ローソンが100円増配し、配当額が1・6倍になったほか、日東電工が2年連続の増配で61円増とし、この2年間で配当は4・1倍になった。

連続で増配する企業も増えている。花王は35期連続増配中で、配当金はこの間に21倍になっ

【図表1-4】配当総額は3年連続で最高

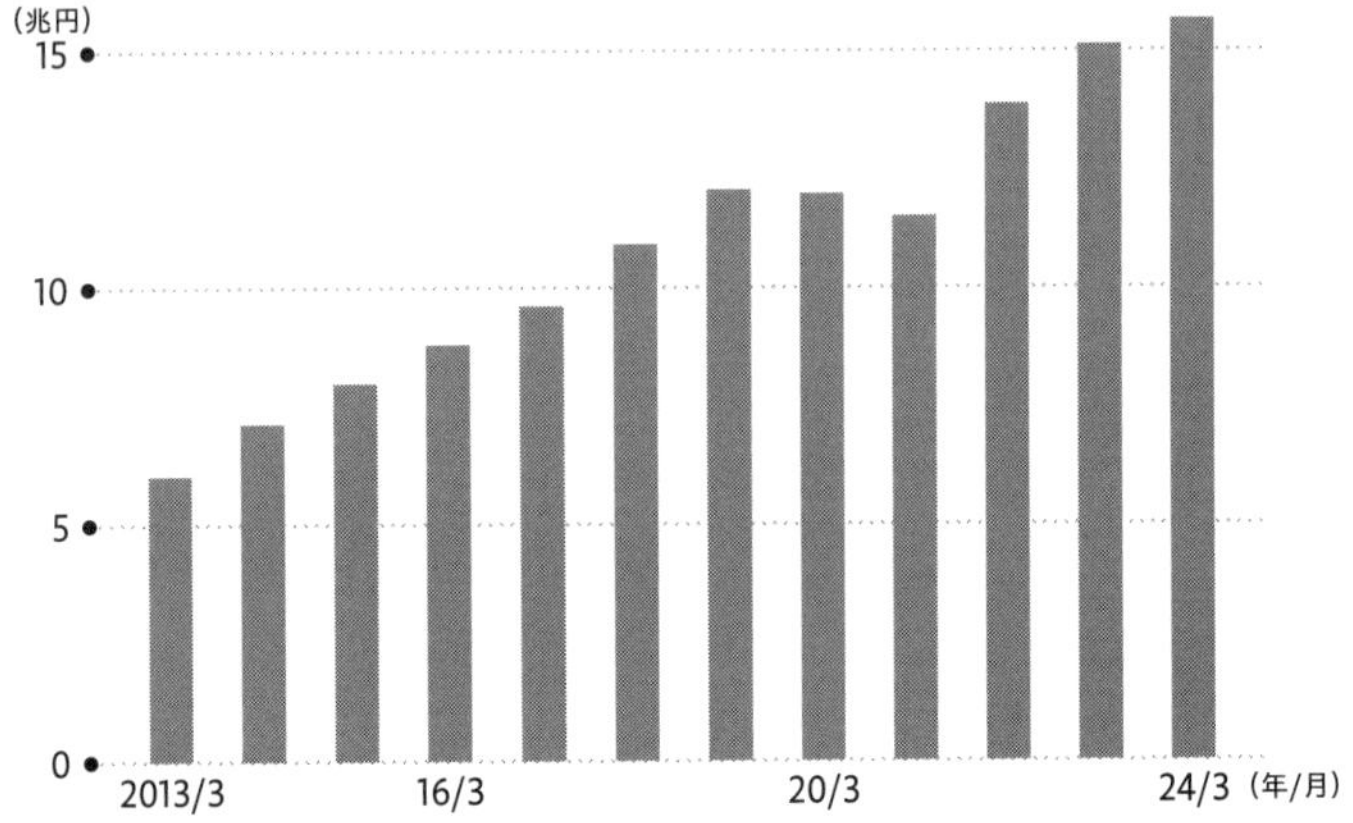

注：3月期決算の上場企業
出所：日本経済新聞社

た。小林製薬は25期、三菱HCキャピタルは24期、ユニ・チャームは23期連続で増配している。もっとも米国には、もっとすごい連続増配企業がある。例えば、P&Gブランドで有名なプロクター・アンド・ギャンブルは66期連続で増配している。コカ・コーラ、スリーエム、ジョンソン・エンド・ジョンソンなど60期以上、増配を続ける企業は珍しくない。

日本でも24年1月から新しい少額投資非課税制度（新NISA）が始まり、個人投資家が高配当の企業へ注目し始めている。長期保有を前提とすれば、連続で増配する企業は安心して投資できる対象になる。24年3月期の日本企業の配当金総額は16兆円に達し、前の期から4％増えて過去最高になった。これは22年度の国内総生産（GDP）の約0・5％にあたる。上場企業の株式は約2割を個人が保有しており、単純計算で3兆円が家計の収入となる。24年3月期は全体の14％の企業が増配に動いており、これも過去最高となっている。

株式分割は個人投資家を意識

東証が進める市場改革の1つに、投資単位の引き下げがある。東証は22年10月から、個人投資家が投資しやすいようにと、望ましい投資単位として50万円未満という水準を明示している。上場企業の経営者に対し、50万円以上で株式が売買されている場合には、投資単位の引き下げに関する考え方や方針を開示するよう、義務付けている。値がさ株と呼ばれる株価1万円以上の銘柄は、株主になるための最低の投資金額が百万円単位で必要になる。レーザーテック、キーエンス、ディスコなどＩＴ系、ハイテク系の銘柄に値がさ株は多い。

こうした事態を改善するため、企業は株式を分割し、投資単位を引き下げる。株価1万円の企業が1株を10株に分割すれば、株価は１０００円になり、これまでの10分の1の金額で投資できるようになる。新ＮＩＳＡを活用して日本株投資をする個人にとって、値がさ株は1社で投資額の上限を超えてしまいかねない。

最も市場が注目した株式分割は、23年7月に実施したＮＴＴによる25分割だ。発表した23年5

【図表1-5】24年4月1日に株式分割した主な企業

社名	分割数	最低投資額（円）		
三菱重工業	10	135万	➡	**14万**
三井不動産	3	49万	➡	**16万**
スズキ	4	71万	➡	**17万**
富士通	10	248万	➡	**25万**
MS&ADHD	3	82万	➡	**26万**
テルモ	2	56万	➡	**27万**
JR東日本	3	91万	➡	**29万**
富士フイルムHD	3	101万	➡	**33万**

注：最低投資額は分割前が24年3月27日、分割後が4月1日終値から算出。1万円未満は四捨五入
出所：日本経済新聞社

月当時、42万円必要だった最低投資金額は１万６０００円まで下がり、以後、個人の株主が増えるきっかけになった。24年４月１日から富士通、三菱重工業も１株を10株に分割している。三菱重工業の株主になるために必要な資金は１００万円台から10万円台に下がり、個人投資家への呼び水になる。日清食品ホールディングスのほか、三井不動産、スズキ、ＪＲ東日本、富士フイルムＨＤなども24年４月１日から株式分割に踏み切った。この日に株式分割したのは62社となり、年度初めとしては10年ぶりの高水準だ。

23年度に株式分割を発表した企業は１９１社と前年度から６割増えた。日立製作所、荏原製作所、キッコーマンも５分割に踏み切るなど、個人株主獲得に向けた企業の取り組みは進んでいる。株式分割は株価にとって中立要因だが、投資しやすくなることで個人株主が増える可能性があること、新ＮＩＳＡの組み入れ対

【図表1–6】大半の上場会社の投資単位は50万円を下回ってきた

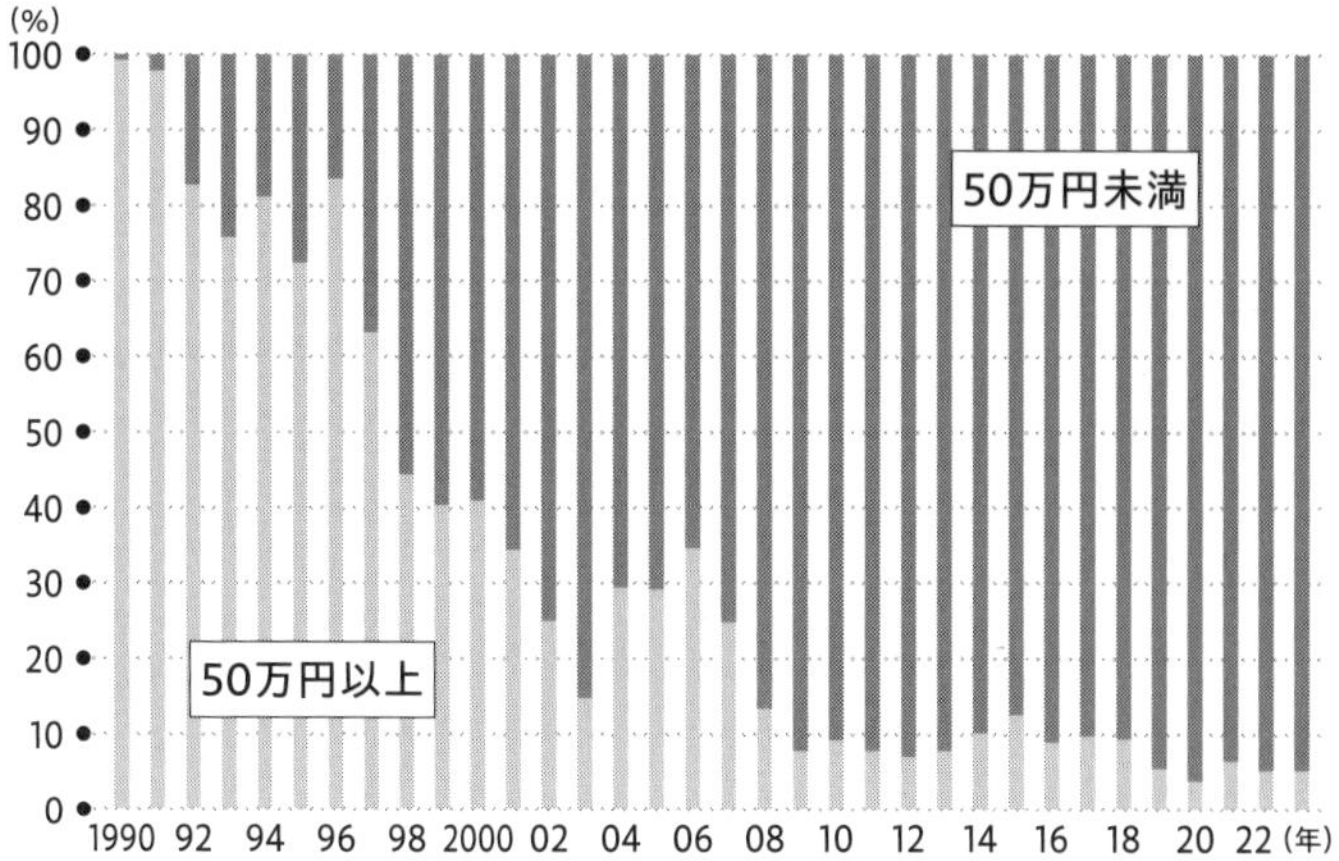

注：各年3月末時点
出所：東京証券取引所

象になりやすいことなどメリットが多い。

こうした企業の対応によって、東証による要請から1年たった23年9月末の時点で、93・7％の会社が、最低投資額50万円以下の企業になった。1990年代までは、最低投資金額が50万円以上の企業が5割以上あった。バブルのピークの1989年末、最低投資額の平均は190万円だった。9割以上が50万円以上だった。これが約30万円まで下がった。三菱重、三井不、スズキは初の株式分割、富士フイルムHDは30年ぶりの分割に踏み切った。

株式分割の効果は大きい。23年度に分割した企業の1日あたりの売買高は、平均で1年前の7倍に増えた。25分割をしたNTTは33倍だ。NTTは23年末の株主数が157万人と、分割前から7割増えた。40歳代以下の若い世代の株主比率が高まっている。

米国ではGAFAMと呼ばれる人気銘柄、グーグル、アップル、フェイスブック（現在はメタ）、アマゾン、マイクロソフトなどでも、円換算すると数万円で投資できる。日本の個人投資家による米国の個別株投資が増えているのも、小さな金額で投資できることが魅力だからだ。東証の後押しで企業が株式分割に動き、投資に必要な金額が下がったことで、個人投資家が日本株を購入しやすくなったのは事実だろう。

株主大還元時代の到来

過去最高となった自社株買い、同じく過去最高となった配当金、さらに急増する株式分割と、さながら日本の株式市場は「株主大還元時代」の到来を感じさせる。企業の狙いは、個人の長期安定株主を囲い込むことだ。新NISAが始まり、政府が長く呼びかけてきた「貯蓄から投資へ」という資金シフトが、ようやく起き始めようとしている。2100兆円の個人金融資産の一部が株式市場に流入し始めたことが、日経平均が過去最高値を更新した理由の1つだ。

企業は個人投資家に長期保有してもらうため、様々な試みを始めている。例えば配当の最低保証の導入や、配当を業績ではなく、自己資本に連動させるなどの改革だ。ライオンは24年2月、

【図表1-7】24年3月期に配当予想を引き上げた主な企業

社名	年間の1株配当額			（23年3月期実績）
コマツ	139円	➡	144円	（139円）
丸紅	78	➡	83	（78）
キッコーマン	69	➡	93	（78）
森永乳業	45	➡	50	（45）
阪急阪神HD	50	➡	55	（50）
東急	15	➡	17.5	（15）
トヨタ紡織	70	➡	86	（70）

注：矢印の左側が23年9月末時点の予想、右側が23年末予想。株式分割の実施企業は分割後ベース
出所：日本経済新聞社

配当の最低額を保証する制度を導入した。今後、減配はせず、配当を維持または増配すると宣言した。ライオンはこれまで、連結純利益に対する配当の割合である連結配当性向で30％を目安としていた。これでは業績が悪化し、純利益が減ると減配になる懸念があった。味の素も同様に、配当の基本姿勢を変え、最低保証制度を導入した。

　自己資本に対する配当金支払い額の割合を示す指標、自己資本配当率（DOE）を新たに掲げ、配当の目標とする企業も出てきた。純利益に対する割合を示す配当性向よりも、資本に対する割合で示すDOEの方が、変動幅は小さくなる。株主が出資した資本を、配当にどの程度充当しているのか、把握しやすいメリットもある。住友金属鉱山は24年2月に、DOE1・5％を配当の下限とする目標を設定した。同社はこれまで、非鉄金属の市況が変動すると業績もブレることが多かった。配当性向

を目標数値の基準にしていたため、利益が減ると減配となった。24年3月期からＤＯＥに基づく配当政策に変更し、配当は従来予想から27円の増配になった。三井不動産は24年4月、長期経営方針として、自己資本利益率（ＲＯＥ）の改善や、配当と自社株買いを合わせた「総還元性向」を50％以上に引き上げ、政策保有株の売却なども表明した。米投資ファンドのエリオット・マネジメントは、これを「歓迎する」とする声明を出した。

ＡＧＣも同様に24年2月、配当の基本的な方針を、これまでの配当性向40％からＤＯＥ３％程度に変更した。ＡＧＣの配当性向は低い時は20％、高い時は１３０％と振れ幅が大きかった。そのため、安定して長期保有してくれる個人株主の獲得に苦戦する面もあった。ＤＯＥを採用することで、安心して長期株主になってくれる個人を増やす考えだ。

いびつな株高との指摘も

24年1月から2月にかけての日経平均の急騰は、指数への影響が大きいソフトバンクグループ、東京エレクトロンなどが好業績を理由に買われた影響も大きい。ファースト・リテイリングも含め、1社で日経平均を１００円程度、動かすこともある。だから、個人投資家の間で、こんなぼやきも聞かれた。「日経平均はあんなに上がっているのに、自分の保有する株はそれほど上がって

【図表1-8】セブン・サムライ（七人の侍）銘柄と日経平均

	上昇率（%）（1月4日＝100）	PER（倍）（3月8日時点）
東京エレクトロン	59.8	52.2
アドバンテスト	50.1	79.3
ディスコ	54.3	75.7
SCREEN	57.4	27.3
トヨタ自動車	37.0	10.8
SUBARU	16.7	6.9
三菱商事	44.7	14.3
日経平均	**19.2**	**16.86**

出所：日本経済新聞社

いない」。

2月以降は特に、米国市場でのエヌビディアの急騰に歩調を合わせるように、日本の関連銘柄であるレーザーテック、東京エレクトロン、アドバンテストなどが急激に上昇した。

米国では人気銘柄として、GAFAMの5社に電気自動車のテスラ、エヌビディアを加えた7社を「マグニフィセント・セブン」と呼び、注目している。マグニフィセント・セブンとは、2016年に米国で制作された西部劇アクション映画だ。黒澤明監督の傑作「七人の侍」を元に作られた「荒野の七人」をリメイクした作品だ。映画のタイトルが株式市場で有力7銘柄の呼び名として使われた。

日本でも24年2月、ゴールドマン・サックス証券が、有望な7銘柄として「七人の侍」と命名した7社を発表し、話題になった。その顔ぶれは、SCREENホールディングス、アドバンテスト、ディスコ、東京エレクトロンの半導体関連4社と、トヨタ自動車、SUBARU、三菱商事の3社だ。半導体関連4社は年初からの株価上昇ピッチが速く、表のようにいずれも、わずか2カ月で50%を超える上げ幅になっている。そのためPERもかなり高くなっており、アドバンテストやディスコは70倍を超える割高状態となった。

残る3社のPERはそれほど上昇しておらず、過熱感は小さい。トヨタ自動車は24年2月6日に23年4－12月期の業績発表で、通期の連結純利益予想が前期比84%増の4兆5000億円になりそうだと発表した。これを受けてトヨタ株は急騰、上場来の高値を更新したのだが、それでもPERは10倍台に止まった。業績の裏付けのある株高と言える。

一方で半導体関連の各社は割高感があり、今後に株価調整の余地があるならば、日経平均への影響も気になる。エヌビディアの手掛ける生成AI向け半導体は、この先も需要が旺盛で、同社の業績は一段の伸びが期待されている。日本の関連銘柄も引き続き、連れ高する可能性もあるが、先行き不透明な部分もある。24年の2月から3月にかけ、日経平均が34年ぶりに過去最高値を更新し、その後一気に4万円台まで上昇した背景に、一部の半導体関連銘柄の上げがあるとするならば、見方によっては、いびつな株高と言えないこともない。

1989年のバブル最高値まで上昇する過程でも、同じような構図はあった。日経平均構成銘柄のうち、流通している株数が少ない品薄株と呼ばれる銘柄を集中して買い上げ、指数を動かして先物取引をからめてサヤを取る投資手法があった。当時、日本甜菜製糖、品川白煉瓦（現在は品川リフラクトリーズ）などが品薄株として対象になった。日経平均の構成銘柄入れ替えによって、こうした売買はできなくなった。2024年の半導体関連銘柄の主導による株高は、89年当時に比べれば、将来への期待感や実際の業績の裏付けもあり、健全だと言えるだろう。

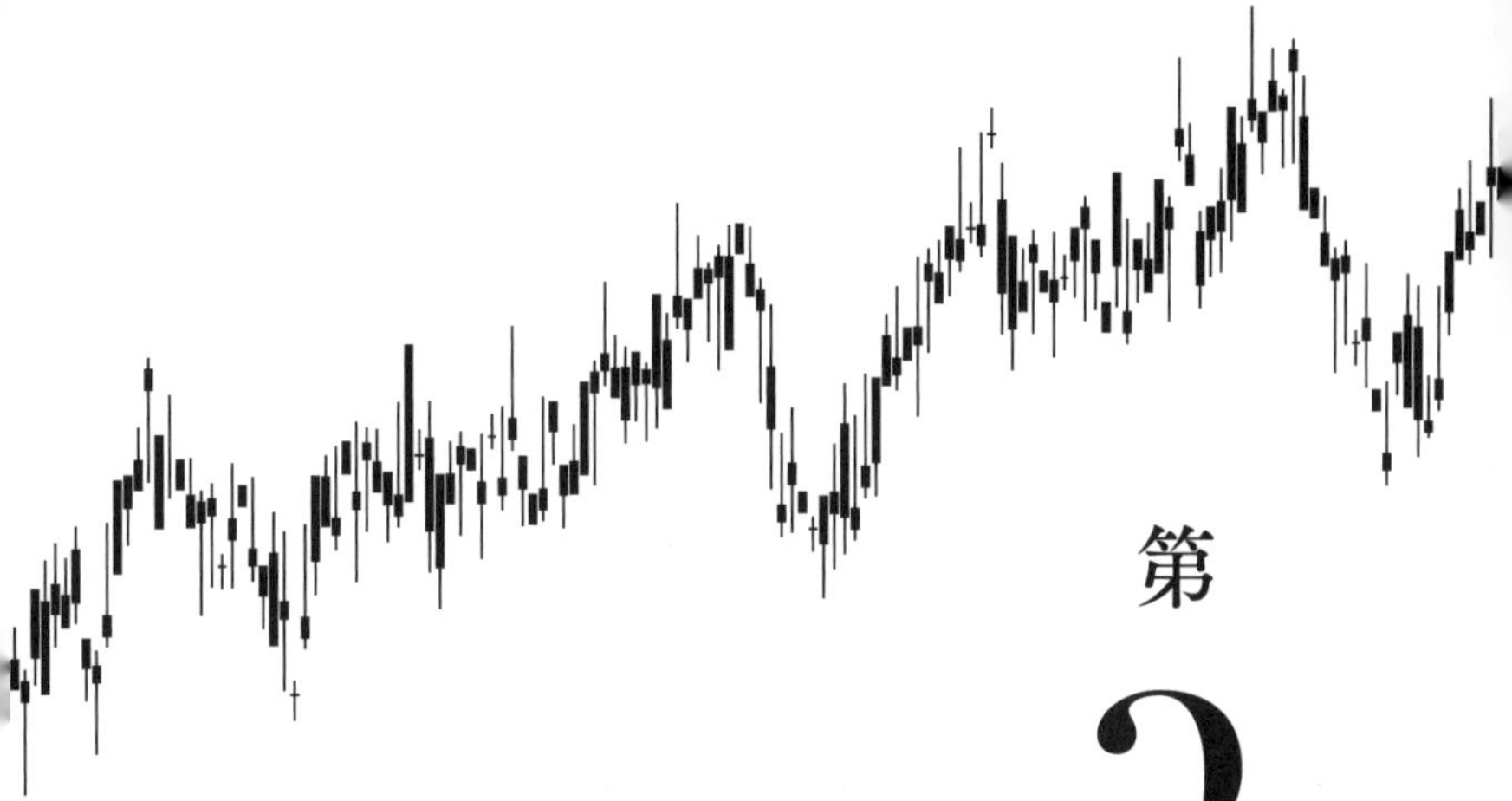

第2章

日本株　黄金の時代が始まる

33年ぶりの賃上げが17年ぶりの利上げにつながった

空前の賃上げラッシュ、企業が動いた

30年に一度と言っていい大きな変革期を迎えた日本株市場。最も大きく変わったのが日本の上場企業だ。これまでの日本企業のイメージは、守りの経営、生産性が低い、年功序列に代表される硬直的な人事制度、利益は内部留保としてひたすら貯め込む、などネガティブな印象が強かったかもしれない。

２００９年３月に７０５４円まで下落した日経平均株価は、ここで底を入れ、15年４月に２万円を回復した。２０１３年から始まったアベノミクス相場の初期、海外投資家が日本株買いに動いたことが、上げ相場の原動力になった。海外投資家は日本株を13年１月から15年６月までに21兆円買い越したが、それ以降は売りに回ることが増えた。15年４月に２万円を回復した日経平均が、３万円を回復したのは21年２月だ。約６年と、それなりに時間がかかったとはいえ、基調は上昇トレンドだった。

それでも海外の投資家がこの10年近く、日本株に関心を示さなかったのは、投資しても大きなリターンは得られないと判断したためだ。利益成長のシナリオを描くのが難しく、それならば急成長が見込める中国のＩＴ関連企業、自動車会社などの方が投資魅力があると考えたのだろう。

そんな海外投資家が2024年、日本に戻ってきた。日本は変わる、日本の会社が変わる、新たな魅力が生まれていると再評価したためだ。

5%を超える賃上げ相次ぐ

日本企業に起きている大きな変革。その代表的な事例が2024年3月の春季労使交渉だ。集中回答日となった3月13日、トヨタ自動車、日本製鉄など有名な大企業が、労働組合の賃上げ要求に満額回答や、それを上回る高額回答で応えた。連合が掲げていた賃上げ率の要求水準である5%を、大半の会社がクリアした。

賃上げは基本給を一律に引き上げるベースアップと、勤続年数が上がると増える定期昇給からなる。ざっと拾ってみても、日本製鉄（定期昇給込みの賃上げ率14・2%）、神戸製鋼所（同12・8%）、JFEスチール（同12・5%）、ゼンショーホールディングス（同12・2%）、王将フードサービス（同11・5%）、千代田化工建設（同11%）、スズキ（同10%）など2桁を超える賃上げ率の会社が相次いだ。日本製鉄の場合、労働組合の要求する賃上げ5000円に対し、回答は3万5000円と、組合側が驚くような大幅賃上げになった。これは日本が高度経済成長期にあった1974年の2万3000円を上回る過去最高の高額回答だ。

2024年の春闘では満額回答、それを上回る高額回答が相次いだ（共同通信社）

日本製鉄、スズキ、クボタなどは労働組合の要求を上回る高額回答、川崎重工業（同7・11％）、信越化学工業（同7％）、日立製作所（同5・5％）、パナソニック（同5・5％）、日産自動車（同5％）なども満額回答だった。トヨタは4年連続の満額回答だ。

春季労使交渉は春闘と言われる。春に闘う、すなわち経営者側と労働組合が議論を重ねる。妥結に至らず、ストライキに突入することもあった。24年の春闘では闘う雰囲気はほとんどなかった。予定調和のような満額回答のオンパレード、これでは春闘ではなく「春調」だ、という声が聞こえるほどの変化だった。

変化の起点は「官製春闘」

日本がデフレ経済に苦しんでいた1990年代

から2010年代にかけて、企業は賃上げに消極的だった。ウクライナ戦争をきっかけに、電気・ガス料金、食料品などの物価が急に上がり始めた2023年、物価上昇を慌てて追いかけるように、3・6％の賃上げが実現した。3％を超える賃上げは1994年以来、約30年ぶりだった。

そこに至るまで、企業の賃上げ率は2％台が多く、2009年からアベノミクスが始まる2013年まで、わずか1・8％にとどまっていた。賃上げどころか、給料が下がる「賃下げ」に動く企業も少なくなかった。非正規雇用者の雇い止めも相次ぎ、社会問題になったのもこのころだ。

2％前後が当たり前だった賃上げ率。24年は5・28％だ。驚くべき変化が起きている。賃上げの歴史が転機を迎えたのは、やはりアベノミクスだ。安倍晋三首相（当時）は、日本経済団体連合会（経団連）などを通じて、企業の経営者に賃上げを求めた。あの時は、「長く経済記者をやっているが、時の総理大臣が民間企業に賃上げを求めるなど、初めて見た」と、ちょっと驚いた記憶がある。政府が主導し、企業の背中を押す、いわば「官製春闘」の成果は上がり、2013年に1・8％だった賃上げ率は14年に2・19％になった。その後は2022年まで、2％台の賃上げが続いていた。

【図表2-1】民間主要企業の賃上げ率は23年から上向いた

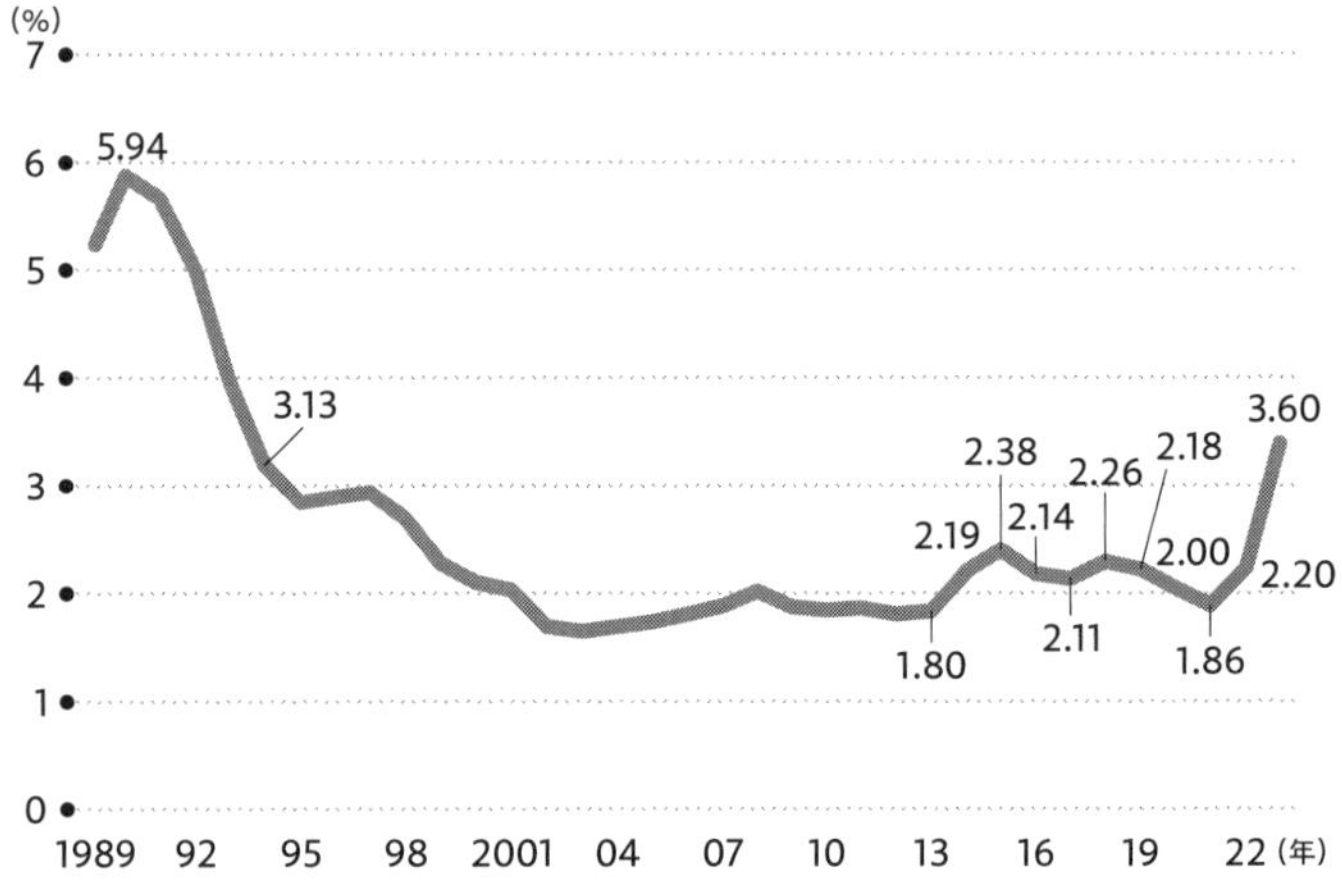

出所：日本経済団体連合会

人件費は高いコストという経営者の意識が変わった

企業が賃上げに消極的だったのは、固定費である人件費の上昇を懸念したためだ。企業にとって最大のコストが人件費だった。経済協力開発機構（ＯＥＣＤ）によると、物価の差を考慮した実質的な平均賃金で、日本の賃金は２０００年から２０２２年まで、20年以上経過しても、ほぼ変わっていない。同じ期間、米国は27％給料が上がり、英国も20％、ドイツも15％上がっている。日本の賃上げ率はＯＥＣＤ加盟国38カ国のうち、25位と低かった。

企業にお金がなかったわけではない。日本

の法人企業統計によると、全産業ベース（除く金融、保険）の23年3月期の経常利益は合計95兆円で、バブルの末期1991年3月期の2・5倍になっている。つまり企業の稼ぐ力はバブルの時代を大きく上回っている。なのに、その利益を労働者に還元してこなかった。利益が2・5倍になっても、人件費の総額は214兆円と、30％の伸びにとどまっている。

人件費だけでなく、日本の企業は2022年まで、設備投資も手控えていた。2020年以降はコロナ禍の影響もあって設備投資は止まったが、基本的にはデフレ経済のもとで、工場を新設したり、生産ラインを拡大したりしても、モノが売れないと考える経営者が多かった。では増えた利益を企業は何に使ったのか。結論から言えば、何も使わなかった。ひたすら貯め込んだ。企業業績は21年3月期から回復基調にあり、利益剰余金である内部留保は、23年3月期に554兆円まで膨らんだ。

政権が安倍内閣から菅内閣、岸田内閣に変わっても、政府は変わらず企業の経営者に賃上げを要請する。それは「無い袖を振れ」と言っているのではない。袖の下には554兆円という内部留保が眠っている。この一部を働く人たちに還元してほしいと、訴えてきた。給料が上がることで家計の消費する力が高まる。モノが売れ始めれば、企業の利益は増え、それがまた賃上げにつながる。こういう良い循環を実現しようと、2013年の安倍内閣以来、官製春闘が続いてきた。

ようやく経営者の意識が変わり始めたのが2023年からで、24年は一気にその流れが加速した。少子高齢化の進展、団塊の世代と言われる人口の多い世代が完全に後期高齢者になり、日本の企業は慢性的な人手不足に陥った。海外からの就労者は少しずつ増えているが、日本の政府は基本、移民政策は取らない。大学新卒の就職活動はここ数年、圧倒的な売り手市場だ。

人材の取り合いといった様相が強まり、賃上げは不可欠になった。働き方改革が進み、生産性向上のために、成果や役割に応じて賃金に差をつける流れも強まっている。年功序列の給与モデルが崩れ始め、中途採用も当たり前の時代になった。きちんと社員を処遇しない会社からは、優秀な人材がどんどん流出する。

今後も人手不足は続き、賃上げは不可避に

これから先も日本は、労働力供給の増加余地は小さく、生産活動を中心となって支える15歳から64歳の労働生産人口も減る一方だ。この層は戦後2回のベビーブームを経て、1995年には8700万人と総人口の70%近くを占めた。その後は少子高齢化により、2023年に7400万人と、同60%に低下している。こうした状況を考えても、賃上げは中長期的に継続せざるを得ないだろう。

これまでは子育てをしながら働く女性の増加やシニア世代の再雇用などにより、生産年齢人口が減少しても、就業者数は増加した。いずれはこの増加要因も頭打ちになる。特に中堅・中小企業は人手不足になりがちだ。賃上げを継続し、企業の競争力を高める有能な人材を確保することは、会社の存続、事業の継続に結びつく。賃上げを含めた労働者の処遇改善に向けて、企業は大胆な発想と行動の転換が求められている。

こうした変化をひと言で示すなら、人件費はコストではなく、成長に向けた投資に変わったということだろう。日本企業は国際化、ＩＴ化が進み、同じ企業でも収益の上げ方がずいぶん変わってきた。内需企業の典型とも言える企業、例えば住宅会社の住友林業、コンビニエンスストアのセブン＆アイ・ホールディングスは今や、利益の過半を海外で稼ぐ外需企業に様変わりした。より高い付加価値を生み出す人材を育て、他の企業に流出しないようにする。生産性の高い社員が多くいる会社は、差別化できる優れた商品を生み出すので、株式市場でも高く評価される。当然、海外の投資家も注目する。

賃上げで人件費が増えればコスト増になるが、これを企業がより成長するための投資と考えるべき時代だ。流通大手の丸井グループは、３２０億円を人材育成のために投じた。これは新規出店などの不動産投資よりも多い。この人材投資のリターンを同社は５６０億円と見込んでいる。賃上げで優秀な人材を確保する。給与のベースが上がれば、社内で不採算部門はコストを負担しきれなくなり、業務の縮小や撤退につながるだろう。選択と集中が進む。2024年の賃上げ革命の波及効果、影響は想像以上に大きい。日本企業は大きく変わり始めている。

中小企業でも大幅賃上げ

2024年の春闘で、特筆すべきことがもう1つある。長年課題になっていた中小企業の賃上げ、非正規雇用の労働者の賃上げも動き出したことだ。連合がまとめた第1次集計で、社員数300人未満の中小企業の賃上げ率も、前年から0・97%上昇し、4・42%となった。大企業の5・28%には及ばないものの、32年ぶりの高水準だ。賃上げが中小企業にも広がることで、日銀が恒常的に言及する「物価と賃金が持続的に上がる好循環」が動き出した。

4・42%の賃上げ率は1992年以来の高水準だ。基本給の上昇となるベースアップも2・98%だった。機械、金属など中小企業の労働組合は賃上げ率が4%と、過去最高の上げ幅になった。岸田首相は再三、「中小企業も大幅な賃上げをお願いしたい」と表明しており、この賃上げ幅を高く評価した。24年3月の消費者物価指数（CPI）の上昇率は2・6%で、中小企業のベースアップでも、これを上回った。

非正規雇用でも異次元の賃上げ

パートタイム労働者、アルバイト労働者、派遣社員などの非正規雇用者の賃上げも、大きな課題だった。非正規雇用者は勤務時間、雇用期間、通勤範囲などの労働条件が限定される労働者のことだ。正社員に比べて賃金が低いことが多い。総務省などの資料によれば、非正規の給与の平均は、正規雇用の7割にとどまる。2021年のパートタイム・有期雇用労働法の全面施行により、同じ労働であるならば待遇も同じにする「同一労働同一賃金」が原則とされたのだが、実態は伴っていなかった。

それが2024年3月の春闘で変わった。先陣を切ったのがイオンだ。イオンは春闘に先駆け、パートタイムで働く従業員の時給を平均7%引き上げた。ドラッグストア大手のウエルシアホールディングスも同様に7・95%、スギホールディングスも6・93%、非正規雇用者の賃金を上げた。

流通、外食などの労働組合が加盟するUAゼンセンは24年の春闘で、パートタイム労働者の賃上げ率が平均6・45%になったと発表した。過去最高の賃上げ率だ。UAゼンセンは約2200社の労働組合が加盟し、就業員数は185万人になる。うち6割がパートや契約社員などの非正規雇用者だ。

イオンでは、非正規雇用者の賃上げ率が正社員よりも高くなった。こうした事例は流通、外食などビジネスを非正規雇用者に依存する業界では珍しくない。全国スーパーマーケット協会によれば、イオンなどのスーパーの店頭で働く従業員の71％が非正規雇用だという。イオンは40万人のパートタイム従業員を抱える。

イオンは２０２４年度から「同一労働同一賃金」の実現に動く。同じ仕事をする正社員とパート労働者の待遇を統一する。食品スーパーのライフコーポレーションも、同様の制度を導入する。小売業は特に非正規雇用者への依存度が高いため、待遇を良くしないと、たちまち人手不足に陥ってしまう。

製造業でも非正規雇用者の待遇改善が始まった。ダイキン工業は2年連続で、パート、アルバイト従業員の時給を一律で１００円上げ、2年前に比べて月収が平均3万２０００円増えた。

岸田首相の決意表明

34年ぶりに日経平均株価が過去最高値を更新した背景には、33年ぶりの大幅賃上げに踏み切った日本企業の変革がある。24年3月末、岸田首相は２０２４年度予算の成立を受けて記者会見し

「25年以降、物価上昇を上回る賃上げを必ず定着させる」と断言した。6月の所得税減税の効果も踏まえ、24年中に実質の可処分所得がプラスに転じると見込んでいる。

賃上げの継続を促しつつ、デフレからの早期脱却を目指す。24年中に政府からデフレ脱却宣言が出るとの期待もある。岸田首相は物価高を乗り越える2つの約束を掲げた。1つは24年のうちに物価高を上回る所得を実現すること。物価を考慮した実質賃金は、24年3月時点で24カ月連続マイナスとなっている。連合がまとめた24年春季労使交渉の第2回集計結果で、賃上げ率は平均5・25％と、33年ぶりの上げ幅になった。24年6月の1人あたり4万円の所得税・住民税減税も合わせて、可処分所得を下支えする方針だ。中小企業の賃上げと稼ぐ力を高めるため、公正取引委員会の監視を強め、賃上げを後押しする。2030年代半ばまでに、最低賃金を全国平均で1500円に引き上げる目標の達成も急ぐ。

岸田首相の2つ目の約束は、25年以降も企業による賃上げを促し、安定して物価高を上回る状態を目指すことだ。「官民連携して可処分所得が増える状況を確実につくる」（岸田首相）と語っている。政府は脱デフレを判断するためにいくつかの経済指標を重視する。消費者物価指数（CPI）が2％を上回って推移し、国内の総合的な物価動向を示すGDPデフレーターも前年同期比プラスを維持している状態を維持したい。経済全体の供給と需要の差を示す需給ギャップは24年4－6月期に、約4年ぶりにプラス見通しになった。ここの継続も急務だ。

内閣府は2006年、「物価が持続的に下落する状況を脱し、再びそうした状況に戻る見込みがなくなる状態」をデフレ脱却と定義した。岸田首相は「いまだ道半ば」と語るが、23年を上回る賃上げや日経平均株価の最高値更新などを踏まえると、デフレ脱却に向けて、24年に大きなチャンスを迎えているのは間違いない。

空前の春闘賃上げが日銀の背中を押した

2024年1月から4月にかけて、日本株市場が注目していたテーマが、日銀の金融政策だった。その金融政策が変更され、日銀が17年ぶりの利上げに動いた。日銀の背中を押したのが、3月春闘での大幅な賃上げだった。

日銀は2007年2月に利上げをして以来、ずっと金融緩和を続けてきた。その象徴的な政策とも言えるマイナス金利政策を日銀はいつ撤廃するのか。撤廃すれば日本の金利やドル円相場、株式相場にも大きな影響が出ると、市場は注視してきた。

マイナス金利政策と言っても、個人の銀行預金金利がマイナスになるわけではない。この政策が導入された時、一部でそんな懸念もあった。実際には、金融機関が日銀に預ける当座預金の一部にマイナス金利を適用する政策だ。金融機関は日銀に預けるより、貸出先を増やした方が得になるので、新規の融資先を開拓してほしいという政策だった。

植田和男総裁はかねてから、「2%の物価安定の目標が持続的、安定的に実現していくことが見通せる状況」になれば、金融緩和の政策スタンスを見直し、マイナス金利政策を撤廃すると表明していた。23年通期の物価上昇率（生鮮食品を除く総合）は3・1%だった。ウクライナ戦争の余波や円安による輸入物価の高騰で、4%を超えた時期もあったが、徐々に落ち着いてきた。24年2月には2・8%になっていた。

日銀がマイナス金利政策を解除する前提として、賃上げ率のうちベースアップの上昇率が3%を超えることを挙げていた。24年3月の春闘で、ベアは大企業で3・70%、中小企業でも2・98%と、日銀が1つの目安としていた水準を達成した。17年続けてきた金融緩和策を撤廃するのだから、日銀は慎重だった。そのための環境が整ったと、誰もが納得できる状況が必要だった。実質賃金は24年2月まで23カ月連続でマイナスだったが、春闘での大幅な賃上げ、中でもベアの大幅な引き上げは、日銀の背中を押すのに十分なデータだった。

マイナス金利政策は2016年2月、黒田東彦総裁の時代に始まった。2013年に日銀総裁になった黒田氏は、アベノミクス3本の矢の1つ、大規模な金融緩和を進め、デフレ脱却に向けた第一歩を踏み出した。その後、デフレからの脱却がなかなか進まず、やむなくマイナス金利政策を導入した。欧州中央銀行（ECB）やスイス中央銀行なども2014年からマイナス金利政

日銀は17年ぶりに利上げに動いた（2024年3月19日の植田総裁、共同通信社）

策を取っていたが、22年に撤廃している。マイナス金利を継続しているのは、世界でも日本だけになっていた。23年4月に黒田氏からバトンを受けた植田総裁は、10年超にわたる金融緩和政策の手じまいを託された。就任から1年、植田氏は大きな仕事をしたことになる。

当初は4月が見込まれていた

そんな日銀のマイナス金利解除、当初は24年4月説が有力だった。一部には1月説もあったが、元日の能登半島沖地震の影響で遠のいた。3月が近づき、日銀はマーケットに観測気球を上げ始めた。まず2月29日、審議委員の1人、高田創氏が滋賀県大津市の講演で、「2％物価目標実現がようやく見通せる状況になってきた」と述べた。この発言は直後、植田総裁がブラジル・サンパウロで開かれた20カ国・地域（G20）財務相・中央銀行総裁会議後の会見で、2％の物価目標の持続的・安定的実現について、「私の考えでは、今のところ、まだそこまでには至っていないと思う」と、いったん火消しをした形になった。

3月に入ると、また日銀は地ならしに動き始めた。7日に中川順子審議委員が島根県松江市の講演で、「2％の物価安定目標の実現に向けて、着実に歩を進めている」と述べた。同じ7日、時事通信が「日銀は18、19日に開く金融政策決定会合でマイナス金利政策を解除する方向で調整に入った」と報じた。日銀の金融政策をめぐる観測報道が通信社から流れるのは、これまでもあった。観測段階では通信社電でマーケットの反応を探るのは、たまにある手法だった。

マーケットがマイナス金利の撤廃4月説をとってきたのは、4月になれば、日銀の企業短期経済観測調査（日銀短観）が出るし、全国支店長会議によって地方の経済データもそろうため、より実態を反映した判断ができるとみていたためだ。そんな中、春闘の大幅賃上げのニュースは、マイナス金利解除に向けて、わかりやすく、誰もが納得する材料になった。政治資金パーティーをめぐって政界が混迷し、4月に岸田首相が衆議院を解散するとの見方も一部で浮上していた。実際にはなかったが、そうなると4月の政策変更は難しくなるので、前倒しで3月に決断したとの指摘もあった。

株式市場は少し混乱したが、すぐに回復した

3月4日に初めて4万円の大台に乗った日経平均株価は、その後も4万円台を維持していたが、中川審議委員の発言や時事通信社電を受けて7日に492円安と急落、4万円を割り込み、11日には一時、868円安と、24年の上昇相場が始まって以来、初めての押し目、調整局面を迎えた。ドル円相場も150円台から一時は146円台に円高が進んだ。

ただ株式市場の織り込みもここまでだった。16日に日経がマイナス金利解除へと報じると、市場は完全に織り込み、18日月曜日に日経平均は1032円高と急反発、19日に再び4万円台を回復した。

株式市場が再び騰勢を強めたのは、日銀はマイナス金利を解除しても、当面は金融緩和の姿勢を維持すると読んだためだ。16日の日経の報道でも、この部分が強調されていた。つまり3月にマイナス金利を撤廃しても、次回の会合ですぐに追加利上げといった展開にはならないとの読み筋が多かった。マイナス金利がゼロ金利になっても、0・25%程度の利上げが実施され、金利のある世界が戻ってくるのはもう少し先、場合によっては25年になってから、という楽観的な見通しが強まった。株式相場は上昇基調に戻り、ドル円相場もほどなく、1ドル150円台に戻っ

た。

歴史的な決断となった日銀の24年3月会合

3月の決定会合で日銀は、17年ぶりにマイナス金利政策を撤廃し、政策金利（無担保コール翌日物）を0％から0・1％程度に誘導することを決めた。それだけではない。短期金利と長期金利を操作する長短金利操作（イールドカーブ・コントロール）の撤廃も決めた。さらに上場投資信託（ETF）、不動産投資信託（REIT）の新規買い入れの終了も決めた。社債とコマーシャルペーパーの買い入れは、1年後をめどに終了することになった。

マイナス金利政策が始まったのが2016年1月、イールドカーブ・コントロールを導入したのは同年9月だ。ETFの買い入れは2010年からだ。黒田総裁の前の白川総裁時代から始まっていた。一連の金融緩和政策が24年3月、一気に見直された。ここでも歴史的な転換があった。その大きな転換を日本株相場は無難に乗り切り、むしろ相場上昇のエンジンに変えてみせた。

マイナス金利の撤廃でこれからどうなる

マイナス金利が撤廃され、金融政策が緩和基調から引き締めへと変わる。決定直後から、日本経済に様々な動きがあった。まず大手銀行が動いた。三菱ＵＦＪ銀行と三井住友銀行は即日、普通預金の金利をこれまでの20倍になる０・02％に引き上げた。銀行が預金金利を上げたのは、これまた17年ぶりだ。

個人の普通預金の総額は23年3月末で４４３兆円（銀行・信用金庫の合計）だ。その預金金利が一律０・００１％から０・02％に引き上げられると、普通預金の利息は年間８４１億円増えるとの試算がある。この数字は日本の給与所得である約３００兆円に比べると０・03％に過ぎず、それほど消費を後押しするとも思えない。

一方、三菱ＵＦＪ銀行などは定期預金金利について、10年物の利息を現行の０・２％から０・3％に引き上げた。各行とも長期金利の上昇を受けて、定期預金金利をこれまでも引き上げている。すべての金融機関が定期預金の利息を０・１％引き上げると、個人の利息収入は２１６０億円ほど増える。今後日銀が追加利上げに動き、徐々に定期預金の利息が増えていけば、中期的には日本の中産階級でも消費意欲が一段と高まる可能性はある。

一方で住宅ローンの金利はすぐには上がらない。住宅ローン金利の基準となる短期プライムレートについて、メガバンクは据え置きを発表した。今回のマイナス金利政策の解除が、個人の住宅ローン金利に与える影響は小さい。住宅ローン利用者の約7割が利用している変動型金利は、短期プライムレートと連動して動く。短期プライムレートとは、金融機関が企業にお金を貸し出す際の最優遇貸出金利のうち、1年以内の短期貸出金利の基準となるものだ。

三菱UFJ銀行と三井住友銀行は、マイナス金利政策解除を受けても、この短期プライムレート（1・475％）を据え置くと決めた。変動型住宅ローンの金利は大きく変化せず、短期プライムレートに連動する企業向け貸出金利も、当面は変わらない。

短期プライムレートは無担保コールレート翌日物などが変動すると見直される。無担保コール市場は銀行の短期の資金調達の場だ。2016年に日銀がマイナス金利政策を導入した際、短期プライムレートは据え置かれた。企業向け貸出や住宅ローン金利が一段と下がり、銀行の収益に悪影響を与えることに配慮したためだ。今回も政策金利が引き上げられても、短期プライムレートは据え置かれた。

ただ今後、日銀がゼロ金利から0・25％程度の利上げに踏み切り、その後も追加利上げがあれば、短期プライムレートもいずれは上がり、住宅ローン金利も上がる可能性がある。大手シンクタンクが試算したところ、0・1％になった政策金利がこの先1％まで上昇すると、短期プライムレートの上昇で変動金利の住宅ローン金利も上がる。長期金利は1・4％まで上昇し、住宅ローンの固定金利も上がる。その結果、家計の住宅ローン負担は1兆円程度、増える可能性があるという。

企業の借入金に対する利息負担も増える。日本総合研究所によると、借入金の利息が1％上昇すると、企業の全体の経常利益は7・4％下がるという。中小企業は借入金が多いので、減益幅は21・1％と大きい。一方で、金利上昇は企業に不採算部門の見直しや事業再編などを促すきっかけになると、前向きな見方もある。コロナ禍で急増した無担保無利息融資の返済が始まっているが、過剰に負債を抱え、経営が行き詰まった中小企業もある。マイナス金利撤廃を機に、こうした企業の倒産が増える可能性も高いが、企業の新陳代謝が進み、投資資金が成長の期待できる企業に集中する流れが生まれるだろう。長い目でみれば、日本経済にプラスの面も少なくない。

今後はテーパリングの時期に注目

歴史的な金融政策の転換を日銀はうまくやったと思う。事前に市場にサインを送り、織り込ませたことで、急激な円高や株式相場の急落を回避できた。黒田総裁は政策変更にあたり、サプライズを好む傾向があった。事前にマーケットに匂わせないことで、政策変更の効果が大きくなる面もあった。一方の植田総裁はマーケットとの対話を重視する。マーケットに事前にある程度、織り込ませることで、混乱を避けた。17年ぶりの利上げという大きな決断を成功させるため、周到に慎重にことを進めた。

日銀は3月の決定会合で、長期金利の誘導目標を定める長短金利操作イールドカーブ・コントロール（YCC）も取りやめた。1％としている長期金利の上限のめどを撤廃し、市場実勢に合わせた金利変動を容認し、市場機能の回復につなげる。ただYCCの撤廃によって、長期金利が急上昇する懸念がある。金融市場の混乱を避けるために、長期金利が著しく変動する場合、利回りを指定して国債を買い入れる「指し値オペ」と呼ぶ手段を使い、市場の混乱を回避することになるのだろう。

米長期金利の上昇した影響で日本の長期金利も上昇した23年、YCCの範囲内に金利を抑え込むため、日銀による国債買い入れが増えた。23年の国債買い入れ額は約114兆円と、過去最高だった2016年の119兆円に次ぐ規模になった。日銀の国債保有額（国庫短期証券を除く時価ベース）はすでに発行残高の半分以上になっている。植田総裁は当面、国債の買い取りは継続する方針を示したが、日銀が発行済み国債の過半を保有する異常な事態をいつまでも続けるわけにもいかない。実は国債の買い入れ額は徐々に細っている。24年1月は5兆9486億円、2月は5兆9477億円と、23年の1カ月あたり平均買い入れ額の9兆5000億円から大きく減っている。

今後の焦点は、日銀はいつ次の利上げに動くかだが、その前に注視すべきは、日銀が3月の決定に先駆けて、国債の買い入れを少しずつ減らす「隠れテーパリング（量的緩和縮小）」と呼ばれる政策を取っていることだ。一部の関係者の間では共通認識になっている。マイナス金利撤廃を機に、日銀がこれまでと同じ規模で国債買い入れを実行するかどうか。日銀は2016年に長短金利操作付き量的・質的金融緩和を導入した際、「量的な緩和を継続する」としながらも長期国債の買い入れのペースを緩めたことがある。再利上げよりも先にまず、隠れテーパリングの拡大に動く可能性は高いだろう。植田総裁は24年4月26日の金融政策決定会合の後の記者会見で、国債の買い入れ減額について、「将来どこかの時点で減額を視野に入れていると申し上げてきたが、今も同じ考えだ。具体的にいつの時点でと申し上げられる段階ではない」と語った。一方で、5月13日の国債買い入れオペ（公開市場操作）で、残存期間「5年超10年以下」の買い入れ予定額を4250億円と前回4月24日の4750億円から500億円減額した。3月にイールドカーブ・コントロールを解除してから初めての減額となった。

日銀の中には、国債の買い入れが減っていくと、マイナス金利解除後も「緩和的な金融環境が当面続く」と説明してきた植田総裁の発言と整合性が取れないとの見方がある。金利が急騰する時以外でも、一定規模の国債買い入れを続け、緩和的な金融環境を維持する姿勢を示すことになるのだろう。

追加利上げのタイミングも市場の関心事だ。植田総裁は3月19日のマイナス金利撤廃を決めた会合の後の記者会見で、「緩和的な環境が続く」と強調したものの、追加利上げについて質問を受けると、明確に否定しなかった。インフレ対応などを理由とした利上げに含みを持たせた。利上げ後にみられた円安が一段と進み、物価高が再燃するようなことがあれば、早期の利上げを迫られる可能性もある。原油価格上昇など物価が上昇する要因は他にもある。

日銀は2006年3月に量的緩和を解除した後、4カ月後の同年7月に政策金利を0・25％引き上げた。今後の見方は分かれる。1つは24年10月の追加利上げだ。マイナス金利解除後の物価や経済情勢を半年ほどかけて見極めたタイミングになるためだ。急激な追加利上げという印象を与えないことにもなる。10月に公表する全国企業短期経済観測調査（短観）や支店長会議などで集めた経済・物価のデータも参考に利上げを判断できる。

米大統領選の行方も影響する。トランプ前大統領は、FRBのパウエル議長を再任しない考えを示している。11月の大統領選でトランプ氏が勝てば、市場が一時的に混乱する可能性も否定できない。大統領選挙の前に動く方がいいとの判断が日銀内にあるかもしれない。

一方で、追加利上げは25年以降という見方もある。マイナス金利は解除したものの、象徴的な意味合いが強いマイナス金利政策と、実際に金利が生まれる追加利上げでは、経済に与える影響が大きく違う。ある日銀ＯＢは「24年1月以降、物価上昇のペースは落ちている。ＧＤＰギャップも需要超過の状態には遠い。家計の支出が増え、物価上昇につながる道筋はまだみえない」として、24年中の追加利上げに懐疑的だ。

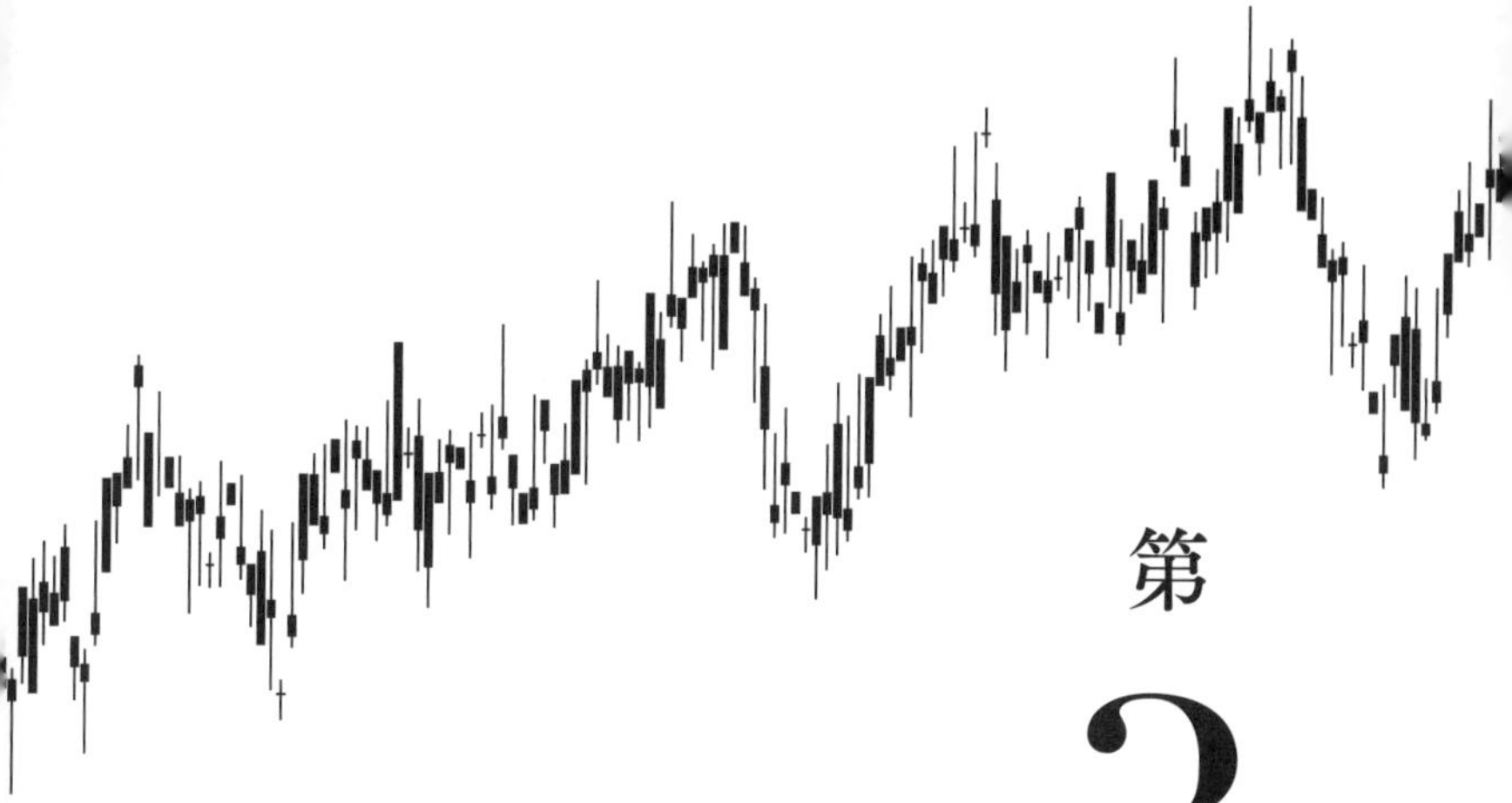

第3章

日本株　黄金の時代が始まる

24年の急騰がバブルではないと断言できる理由

史上最高値はまだ通過点

日経平均株価が2月22日、1989年12月末に付けた過去最高値3万8915円を上回った直後、市場関係者の間では過熱感を心配する声もあった。年初から2カ月弱で6000円近い上昇だったので、「さすがにスピード違反」「ここまでくると投資家は高所恐怖症になる」といった声が出るのもやむを得なかった。そこで議論になったのが「24年1－3月の歴史的な上昇相場は、果たしてバブルなのか」ということだった。

この章では時計の針を34年前に戻し、当時のバブル経済下での日本株市場を再検証してみたい。当時を振り返ってみると、いかに当時のマーケットが異常で、理屈に合わない無茶をしていたのか、と改めて思う。24年の日本株市場の常識からみれば、不適切にもほどがある相場だった。

筆者は24年1－3月の歴史的な日本株上昇をバブルではないとみる。24年2月25日、日経電子版で「株最高値、今回はバブルにあらず　89年と違う企業と個人」という記事を執筆、掲載した。24年の株価急騰をバブルと断じる関係者の多くは、実は1989年のバブルを実際に見ていない場合が多い。なにせ34年ぶりのことだ。当時、30歳代だった関係者の多くは定年退職になっているだろうし、当時20歳代で今も金融機関に在籍していても、マーケットの第一線で市場の息吹を感じている方は少ないだろう。日本経済新聞の編集局で、証券部という組織で89年当時のバブル経済を実際に取材し、今もなおマーケット取材の現場にいる記者は、筆者を含め2人しかいない。

そんな立ち位置から今回の相場急騰、過去最高値更新を89年当時と比べてみると、あらゆる状況が違っており、24年の株高は実績に裏付けられた堅実な上昇だと言える。決してバブルではなく、地に足の付いた上昇であり、だからこそ日経平均の最高値到達は通過点とみていい。

あのころは東証に立会場があった

「はじめに」でも記したが、筆者が日本経済新聞に入社した1985年4月、日経平均はまだ日経ダウ平均と呼ばれていた。1万2600円台だった。そこから5年弱、いくつかの逆境を乗り越え、3万8915円まで駆け上がった。89年大納会翌日の日経朝刊をみると、証券1面の場況記事には、「兜町界隈《かいわい》では3万9000円に乗せてサンキューだと、威勢のいい声が聞かれた」「サラリーマン投資家は株をまくらに寝正月、OLは株を抱えて海外旅行」と書かれている。当時の株式市場の高揚感がよく伝わる。

あのころ東京証券取引所には立会場があった。筆者も最高値を付けた日の大納会、当時は半日

1989年の大納会。東証の立会場は高値に沸いた（共同通信社）

立ち会いだったので、午前11時過ぎ、立会場の手締めの輪に加わっていた。東証8階の兜クラブでは、昼間からビールが振る舞われ、つまみは相場が上がる（揚がる）ようにと験《げん》を担いで唐揚げ、コロッケなどが並んでいた。大手証券の広報担当者も顔を出し、「来年の日経平均は4万5000円ですね」などと明るい展望が語られていた。ちなみに証券関係者の好む食事は天ぷらとウナギだ。相場が上がる（揚がる）、ウナギ登りと明るい先行きを連想させるからだ。逆に好まないのはカニ料理だ。カニの横ばいのように、相場も横ばいになっては困るという発想だ。

大納会の喧噪から年末年始の休暇が明けた90年の大発会、日経平均は朝から売り物に押され、当時は大発会は午前の取引しかなかったため、午前11時の大引けは202円安となった。翌5日も続落となった。当時ソ連のゴルバチョフ書記長が外交活動を中止するとの報道があり、ゴルバチョフ氏が失脚すれば国際的な緊張緩和ムードに水が差されると、売り物に押された。日経平均は438円安と下げ幅を拡大した。

それでも株式市場のムードは明るかった。4日の日経朝刊の証券1面の記事をみると、「高利回り国債の大量償還を受け、機関投資家の株式投資意欲は高まる。今年も好調な需給関係が続く」と強気の見通しが語られている。筆者もまさか90年に日経平均が一時、2万円割れ寸前まで急落するとは、当時はまったく想定していなかった。

いびつな株高だった1989年

今から思えば、1989年はいびつな株高だった。日経平均ベースの予想PER（株価収益率）は62・58倍と、24年2月22日終値ベースの16・47倍に比べ、大幅に高い。予想1株あたり利益（EPS）は622円と、今回の2373円の4分の1程度、予想配当利回りは0・38％と1・

【図表3-1】前回最高値時と今回の指標比較

	1989年12月29日	2024年2月22日
PER	62.58倍	16.47倍
EPS	622円	2373円
配当利回り	0.38%	1.73%
時価総額	603兆円	932兆円

注：PER、EPS、配当利回りは日経平均ベース
時価総額は前回時は東証1部、今回は東証プライムベース
出所：日本経済新聞社

73%に比べて大きく見劣りする。

個別銘柄のPERを見ても、三菱重工業が51倍台、日立製作所や東芝が40倍台、新日鉄が65倍台、丸紅や伊藤忠商事は100倍を超えていた。高いPERを正当化するため、証券業界はQレシオと呼ばれる投資指標を生み出した。株価を1株あたりの実質純資産で除したもので、帳簿上の純資産の含み益を加算し算出した。当時の含み資産といえば不動産だ。東京湾周辺に工場跡地など巨大な土地を持つ企業、例えばNKK、川崎製鉄や、東京ガスなどがウォーターフロント銘柄ともてはやされた。

89年末の朝刊記事にもあるように、当時は個人投資家が十分な知識もないまま、株式市場に資金を投じていた。外国人投資家の参戦は少なかった。買いの主力の1つが企業だった。企業の買いといえば、今なら自社株買いを連想するが、当時は違う。特定金銭信託やファンドトラストと呼ばれる資産運用に企業は走った。本業の事業利益よりも、運用益の方が大きい企業は珍しくなかった。

企業の社債発行ラッシュ

当時はエクイティファイナンスと呼ばれる資金調達が盛んだった。転換社債、ユーロドル建てのワラント債（新株引受権付社債）の巨額発行が目白押しだった。10億ドル規模のワラント債、転換社債も1000億円から3000億円など大型が多かった。いずれ株式に転換されれば需給悪化要因になるのだが、お構いなしだった。

当時よく話題になったのが、リーグテーブルと呼ばれる証券会社の社債の引受額ランキングだ。引受とは企業が社債や新株などを発行して資金調達をする際、案件をまとめた証券会社が、先行して発行市場で買い取ること。それを流通市場で投資家に売る。引受主幹事と呼ばれる証券会社は、発行額の半分程度を引き受ける。株高が期待できる局面では、ワラント債や転換社債は投資家に人気があり、よく売れた。発行時の引受手数料、販売時の手数料が証券会社の収入になるので、大手証券会社はこぞって企業に起債を勧めた。

89年当時、グローバルの社債引受額ランキングで、ゴールドマン・サックス、モルガン・スタンレーなど米国の大手投資銀行を抑え、1位から4位までを日本の証券大手4社、野村証券、大和証券、日興証券、山一証券の欧州現地法人が占めていた。ベスト10には日本興業銀行の欧州証券現地法人、ＩＢＪインターナショナルも入っていた。

筆者は１９９7年3月にロンドンにある日経の欧州総局編集部に異動したのだが、その前の88年、89年当時、たびたびロンドンに出張し、現地の熱狂を取材した。米国、英国、ドイツ、フランスなどあらゆる国の証券会社が、日本の証券会社に接近してきた。日本企業の発行するユーロドル建てワラント債の引き受けシンジケート団に入ることができれば、確実に収益が上がるためだ。シンジケート団の中で、どれだけシェアをもらえるかは、主幹事証券の胸三寸だったので、欧米の証券会社はこぞって日本の証券会社にアプローチした。

89年のワラント債の発行額は9兆２０００億円、国内転換社債も合わせた発行額は18兆円を超えた。これだけで当時の時価総額の３％を超えた。ロンドンでは連日のように高級ホテルでワラント債発行の調印式があった。大手証券のロンドン駐在幹部は、昼も夜も調印式に出席し、そのたびに豪華なフルコースの食事をするため、体重も株価と同様、右肩上がりとなるのが共通の悩みだった。調印式に飾られる花の装飾もそのたびに新しくするので、ロンドンのフラワーショップも特需に沸いていた。

ゆがんだ資金調達

ワラント債や転換社債は、発行時に決めた行使価格で株式に転換できる。株価が上昇し、時価が行使価格を上回れば、利益が出る。89年までは日経平均が右肩上がりだったから、ワラント債や転換社債は、どんどん権利行使され、株式に転換していった。ところが90年になり、株式相場が下落し始めると、株価は権利行使価格を下回るようになり、ワラント債のワラント部分、権利行使の証書は価値がなくなった。90年末時点で、権利行使されず、社債のまま残ってしまったワラント債と転換社債が35兆円もあった。

転換社債は満期まで保有すれば額面で償還されるから、まだ救いがあった。困ったのはワラント債だ。ワラント債は権利行使の証書であるワラント部分と、切り離された社債部分に分かれて流通していた。事前に決めた行使価格で株式を購入する権利であるワラントは、株価の右肩上がりを前提とした商品だった。株式を時価より高く買う投資家はいない。社債部分の利回りは0・5%程度で、89年当時の国債の利回りが5%台だったのに比べて、まったく魅力のない商品だった。だからマージャン用語の「ポンカス」と呼ばれた。マージャンでポンをした牌の残り1枚、まったく価値のない商品という意味だった。

ワラントは利息も付かない、ただ株式を購入できる権利の証書に過ぎない。株価が右肩上がりで上昇した89年は、ワラントの価格もどんどん上がった。額面100で発行したワラント債は通常、ワラント価格30、社債部分70といった割合で切り離された。普通社債に比べると、ワラント分だけ起債コストは下がる。ドル円のスワップレートの関係で、円換算した最終の起債コストがマイナスになることも珍しくなかった。

バブル期にワラントは株式よりも早く、大きく値上がりした。ユーロ市場で発行したのに、すぐに日本国内に還流し、投資家に販売された。値動きが激しく、リスクの大きな商品なので、初めは機関投資家向けだったが、すぐに個人投資家も欲しがるようになった。当時、証券会社の店頭に「ワランコという、えらく儲かる商品があるらしいな。それをくれ」という個人投資家が現れたと、話題になったのもこのころだ。

恐ろしいことに、このころワラントの流通市場は存在しなかった。大手証券会社が独自に気配値を出すだけだった。差益は抜き放題で、89年度の大手証券のワラント売買益は1000億円を超えた。

ワラント債の発行市場となる欧州は夏がいい季節だ。陽が長く、夜は9時ごろまで明るい。6月は特に良く、梅雨の日本とは対照的に、からっとした好天が続く。ジューンブライドと呼ばれる結婚式が多いのも、この季節がいいからだ。どうせワラント債を発行するなら、ロンドンの豪華ホテルに泊まり、ついでに観光旅行もできる夏がいいと、5月から7月ごろに起債が増えた。中には夏にスイスに行きたいからと、わざわざスイスフラン建てのワラント債を発行する企業もあった。

90年のバブル崩壊後、日本国内に遅ればせながらワラントの流通市場が誕生したが、時すでに遅かった。株価の下げ局面では、ワラント価格の下落は株価より激しい。ワラントには権利行使の期限がある。行使期限までに株価が権利行使価格を上回らないと、ワラントは何の役にも立たない。その価値はどんどん低下し、値がつかない。

権利行使期限が迫った紙くず寸前のワラントを、大手証券がタダ同然の価格、1円で買い取った。せめてもの罪滅ぼしだったのだろうか。このニュースを筆者は朝刊の1面に書いた。テレビ東京の夜のニュース番組「ワールドビジネスサテライト」で、この記事が取り上げられた。女性キャスターが「文字通り、紙くずになってしまいましたね」と語っていた。小池百合子さんだったと記憶している。

成長投資に使われなかった資金

ワラント債や転換社債で調達した大量の資金。これを設備投資や研究開発投資に充てていれば良かったのだが、これらの多くは、なんと運用に回っていた。企業がこぞって株式投資に走っていた。株価が上がるから、本業での儲けより、運用益の方が大きい企業が相次いだ。大手証券の法人担当者は企業の財務・経理担当者のもとに日参し、資本市場から集めた資金で株式投資を勧めた。

株式の売買注文をもらうため、企業の財務担当者に、値上がり確実な新発の転換社債や新規公開株をこっそり渡すなどの裏技もあり、「大手企業の財務担当を3年やれば家が立つ」などと言われた。証券会社は資金調達と資金運用をセットで企業に提案し、運用成果を保証する例まで出始めた。いわゆる利回り保証だ。ひどい例になると、証券会社の担当者が名刺の裏に、利回り保証の念書を書いたこともあった。バブル崩壊後、約束した利回りは達成できず、証券会社は損失補塡を余儀なくされ、後に大きな社会問題となる。

個人投資家も異常だった

株が上がるから買う、買うから上がる。週刊誌やテレビのワイドショーは株高の話題で盛り上がり、投資初心者が好景気で手にしたボーナスを、株につぎ込んだ。当時は株式売買の委託手数料も固定手数料の時代だ。証券会社は儲かり、社員の給料も上がった。大手証券会社の1年目女性社員のボーナスが、長年メーカーに勤務する父親のそれを上回ったなどと話題になったのも、このころだ。

89年は日銀が不動産バブル潰しで利上げを開始していたのに、株価は逆行するように上がり続けた。こんなデタラメがいつまでも続くはずはない。90年、年始から下落が止まらない日経平均は、4月に3万円を割り込む。5月にいったん3万3000円台まで回復し、「やれやれ、これで下落局面も終わった」と兜町に安堵の空気が流れたが、本当の地獄はそこからだった。以後、小手先の対策が次々と出たが効果は一瞬で、株価下落は止まらなかった。

PKO、プライス・キーピング・オペレーションズと呼ばれた公的資金による株価買い支えもあった。PKOは元々、国連の平和維持活動、ピース・キーピング・オペレーションズの略で、国際的な紛争を平和的に解決するための国連の活動を指す。日本は1992年にアンゴラの選挙監視のために監視団要員3人を送り込んだのが最初だ。そのPKOにひっかけて、株式市場のPKOなどと言われた。

PKOのほかに株式の空売り規制も強化された。空売りとは、株式を証券会社などから借りて売却し、定まった期間内に買い戻して返却する投資手法だ。株価が下落すれば利益が出る取引だ。日本では1951年に信用取引が導入され、空売りは一般的な投資手法となった。90年以降、株価の下落が止まらないため、1998年に空売り規制が導入された。2001年には、さらに空売り規制が強化された。それでも株価下落に歯止めはかからない。24年1月から2月にかけての中国の株式市場をみていて、あのころの日本と同じことをやっているなと思った。

だから89年と2024年は違う

あらゆる株価対策が打ち出されたが、所詮は小手先の対応に過ぎず、株価は下げ続けた。リーマン・ショックを経て、2009年3月10日、日経平均は3日続落し、終値はバブル崩壊後の最安値となる7054円98銭と、7000円割れ寸前まで追い込まれた。バブルの最高値である3万8915円から20年弱、下げ幅は3万2000円に達した。

1989年のバブル相場と2024年の株式相場。冷静に分析すると、89年当時とは、何から何まで違う。まず株式相場の割安割高を示す投資指標PERをみると、62・58倍だったものが、16・47倍（日経平均が過去最高値を更新した24年2月22日ベース）と大幅に低下している。配当利回りは同じく0・38%から1・73%と4・6倍になり、時価総額は606兆円から932兆円に増えた。

89年末の時価総額上位には日本興業銀行、第一勧業銀行など大手銀行が並んでいた。銀行の株価は高かった。売り物が出ないからだ。当時の株高要因の1つが、株式の持ち合いだった。お互

【図表3-2】バブル経済時と現在の時価総額上位10社

1989年12月29日

社名	時価総額（円）
日本興業銀行	15兆0023億
住友銀行	10兆5499億
富士銀行	9兆9884億
第一勧業銀行	9兆2140億
三菱銀行	9兆1642億
東京電力	8兆1277億
三和銀行	8兆0925億
NTT	7兆9380億
トヨタ自動車	7兆7086億
野村証券	6兆7356億

2024年2月22日

社名	時価総額（円）
トヨタ自動車	57兆4451億
三菱UFJ FG	18兆3832億
東京エレクトロン	17兆2523億
キーエンス	16兆9151億
ソニーグループ	16兆7870億
NTT	16兆3534億
ファーストリテイリング	13兆7694億
三菱商事	13兆5818億
ソフトバンクグループ	12兆9360億
信越化学工業	12兆6287億

出所：日本経済新聞社

いに安定株主として保有し、決して売却しない。銀行は取引先企業と株式を持ち合った。大手保険会社は保険の大口法人顧客となる企業の株式を保有した。今は持ち合い構造がどんどん見直され、24年2月に、金融庁が損害保険会社に政策投資目的で保有する株式の売却を促している。

手元資金を株式や不動産につぎ込み、巨額な損失を負った企業は今、自社株買いなどの株主還元や、大型M&A（合併・買収）などの成長戦略に資金を使い始めた。大幅な賃上げも実現したし、企業業績は24年3月期、3期連続で過去最高益を更新、25年3月期には4期連続での最高益更新が視野に入っている。

こうした改革を評価する外国人投資家が、日本株を買っている。外国人投資家が日本の変化を評価したことは、これまでもあった。2003年の小泉構造改革、2013年のアベノミクスだ。今回、岸田内閣は株高に直接は貢献しておらず、民間主導の改革による株高であることを評価したい。

暗い時代が長かったから、日経平均が過去最高値を更新すると「こんなに上昇するのはおかしい。怖い」と感じる市場関係者もいるだろう。マクロ経済はデフレから脱却できても、染みついた心のデフレ、マインドのデフレはなかなか払拭できない。証券会社の役員も平成入社組が大半で、下げ相場しか知らない世代が経営の中枢を占めている。

NTT民営化が証券民主化のきっかけに

株式投資は危ない、怖い、ごく一部の限られた人がやるもの。かってはこんなイメージが強かった。そんな株式投資がぐっと一般庶民の身近な存在になったきっかけが、1987年2月のNTT民営化に伴う株式上場だった。民営化から2年、NTT株は値上がり確実などと週刊誌でも特集され、個人投資家の応募が殺到した。初めて証券会社に口座を開いた個人投資家も多かった。

NTT株の売り出し価格は119万7000円。上場初日の2月9日、寄り付きから買いが先行し、上場初日は値が付かなかった。翌10日にようやく初値160万円が付くと、その後も人気は衰えず、上場から2カ月で株価は318万円まで駆け上がった。時価総額は当時、世界でトップになった。ビギナーズラックではないが、生まれて初めての株式投資がNTT株で、びっくりするくらい儲かった。この成功体験が、89年のバブル崩壊までの個人の株式投資ブームの伏線になった。

NTT上場の翌日となる87年2月10日付の日経朝刊をみると、1面準トップの位置で、「NTT株気配値140万円　上場初日、商い成立せず」と大きく報じている。証券1、2面では見開きで、「先高観から売り物薄　買い人気さばけず」と詳細に報じている。機関投資家の買い需要が旺盛な上に、個人投資家は簡単に売らないため、気配値がどんどん切り上がり、株価が高騰した。

その後、政府はNTT株の放出を続けた。87年11月に195万株、88年10月に150万株、98年12月に100万株、99年11月に95万株と、売り出しが続いた。2000年11月は100万株を売り出し、同時に30万株の新規発行をした。当初は「政府が売り出す株だから損をするはずがない」と安心していた個人投資家も多く、バブルの末期には、個人株主数が160万人となった。NTT株が個人投資家の裾野拡大に一役買ったのは間違いない。

上場から30年以上が経過した2017年2月10日、日本経済新聞にNTT株に関する興味深い記事が掲載された。株価は上場直後の高値に遠く及ばないが、受取配当額を加味したベースでみると、上場時にＮＴＴ株を買った投資家が、ようやく報われる水準に戻ったという記事だ。２月９日のＮＴＴ株の終値は４８６３円。それまでの２回の株式分割を考慮すると、時価は約97万円になる。過去30年間の配当金を手元に残していれば約27万円で、合わせると上場の売り出し価格１１９万円を５万円弱上回る計算になるという記事だった。

ＮＴＴ株の熱狂に水を差したのは、87年10月のブラックマンデーだ。米国で株式相場が急落、ＮＴＴ株も２２５万円まで値下がりした。その後のバブル崩壊で、90年代にＮＴＴ株は初値の３分の１まで低迷した。だがＮＴＴは株主を重視する姿勢を貫いた。１株あたり配当は３倍以上になり、配当利回りは24年３月末時点でも２・８％と市場平均を上回っている。バブル期の熱狂と、その後の長い低迷期間を経て、ＮＴＴ株は株式市場で再評価されつつある。１株を25株に分割し、投資家はそれまでの40万円ほどから、１万７０００円ほどでＮＴＴ株を買えるようになった。日本株バブルの時代の象徴とも言えるＮＴＴ株だが、当時も今も、時価総額ランキングで変わらずベスト10に入っている。その存在感は変わらない。

ブラックマンデーも乗り越えた日本株バブル

ＮＴＴ株に冷や水を浴びせたのが、87年10月19日、月曜日のブラックマンデーだった。米国に端を発した株安は、またたく間に世界を駆け巡った。ダウ工業株30種平均は５０８ドル安、ＮＹダウが4万ドルに近い今なら、５００ドル安と聞いても大して驚かないが、下落率にすると22・6％だ。もし今、ＮＹダウが1日で22・6％、９０００ドルも下がったら、大パニックだろう。それほどの衝撃が当時のブラックマンデーだ。

米国は当時、財政赤字と貿易赤字の「双子の赤字」を抱えており、ドル安に伴うインフレ懸念が浮上していた。西ドイツ中央銀行による想定外の利上げをきっかけに、朝から売り物が膨らみ、普及し始めたばかりのプログラム売買が急落に拍車を掛けた。

東京株式市場は20日の火曜日、激震に襲われた。日経平均の下げ幅は３８３６円、下落率は14・9％だった。当日の日本経済新聞の夕刊は1面トップで「日米欧で株暴落　東京２０００円超す下げ」と大見出しで伝えている。中面の相場表をみると、ほとんどの銘柄が売り気配のまま値がついておらず、株価欄は「ウリ」というカタカナ2文字がずらっと並んでいる。

翌21日の朝刊でも1面トップで「波乱続く内外株価、東京は空前の下げ」とパニックになった当時の市場の空気を伝えている。20日の日経平均終値は2万1940円、下落率14・9%は、1953年3月5日のスターリン暴落の10・0%を34年ぶりに超える歴史的な急落だった。

それでもバブルに向かう日本経済、日本株相場は強かった。1988年になると年初に2万1000円台だった日経平均は4月初め、ブラックマンデー暴落前の高値である2万6646円を上回った。もたつく欧米株市場を尻目に独歩高の展開となった。株価が持ち直した背景には、機関投資家の決算処理方法の弾力化というテクニカルな要因もあったが、マクロ経済的にも明るい要素が多かった。当時、よく指摘されたのが、「輸出依存型経済から内需主導型経済への転換」という主張だった。円高のプラス効果が喧伝され、日本経済の強さを評価する声も多かったが、今から思えば、バブル経済が地下深く、進行していたのだろう。

昭和最後の年（64年）となった1989年、年初は昭和天皇崩御の自粛ムードが強かったが、3月に日経平均は3万1000円台まで上昇していた。火が付いたのは4月以降で、毎月1000円ほどの上げ幅で日経平均は上昇、年末の最高値3万8915円まで一気だった。その1年前の88年12月に初めて3万円の大台に乗せた日経平均は、わずか1年で9000円近い急騰を演じた。これほどの急上昇だったのに、バブルの当時は誰もそれを疑問に思わず、「90年は日経平均5万円も夢ではない」などと本気で語る市場関係者は珍しくなかった。

経営者もバブルを知らない世代に

筆者が兜町の記者クラブで現役の記者だったころ直接取材し、今もなお証券経営の第一線におられるのは、大和証券グループ本社の日比野隆司特別顧問（24年3月末まで会長）くらいだ。日比野さんは当時、経営企画部門の課長代理だった。証券大手4社の重要イベントである部店長会議では、「日経平均株価5万円時代の証券経営」といったテーマが熱く語られていた。

今の証券会社は堅実だ。株式委託手数料に依存しない収益構造になっている。営業担当者の手数料体系も、かつてのように売買注文を多くとってきた者が評価されるのではなく、顧客の資産残高を増やした者が評価される資産管理型の営業に変わってきた。24年1月に始まった新たな少額投資非課税制度、新NISAでも長期投資、長期保有を促しており、個人の資産形成の手段として機能し始めている。

新NISAは24年1月に約1兆6000億円の資金流入があった。うち6000億円が日本株市場に入った。2月になっても新NISAの購入額は衰えず、1兆4000億円が投じられた。新NISAが始まった1月は、まとめて投資する個人が多いだろうとの予想があり、1月の高水準の資金流入は想定の範囲内だった。2月以降も変わらず高い需要が新NISAにはあり、地に足の付いた個人の投資行動がうかがえる。

よく勉強し、情報を集め、コツコツと積立ＮＩＳＡで将来に備える今の個人は、何の知識もないまま、ただ儲かりそうだからと株を買っていたバブル時代の個人とは大違いだ。個人投資家の動向１つとっても、89年のバブルに比べたら、２０２４年はバブルとは呼べない。

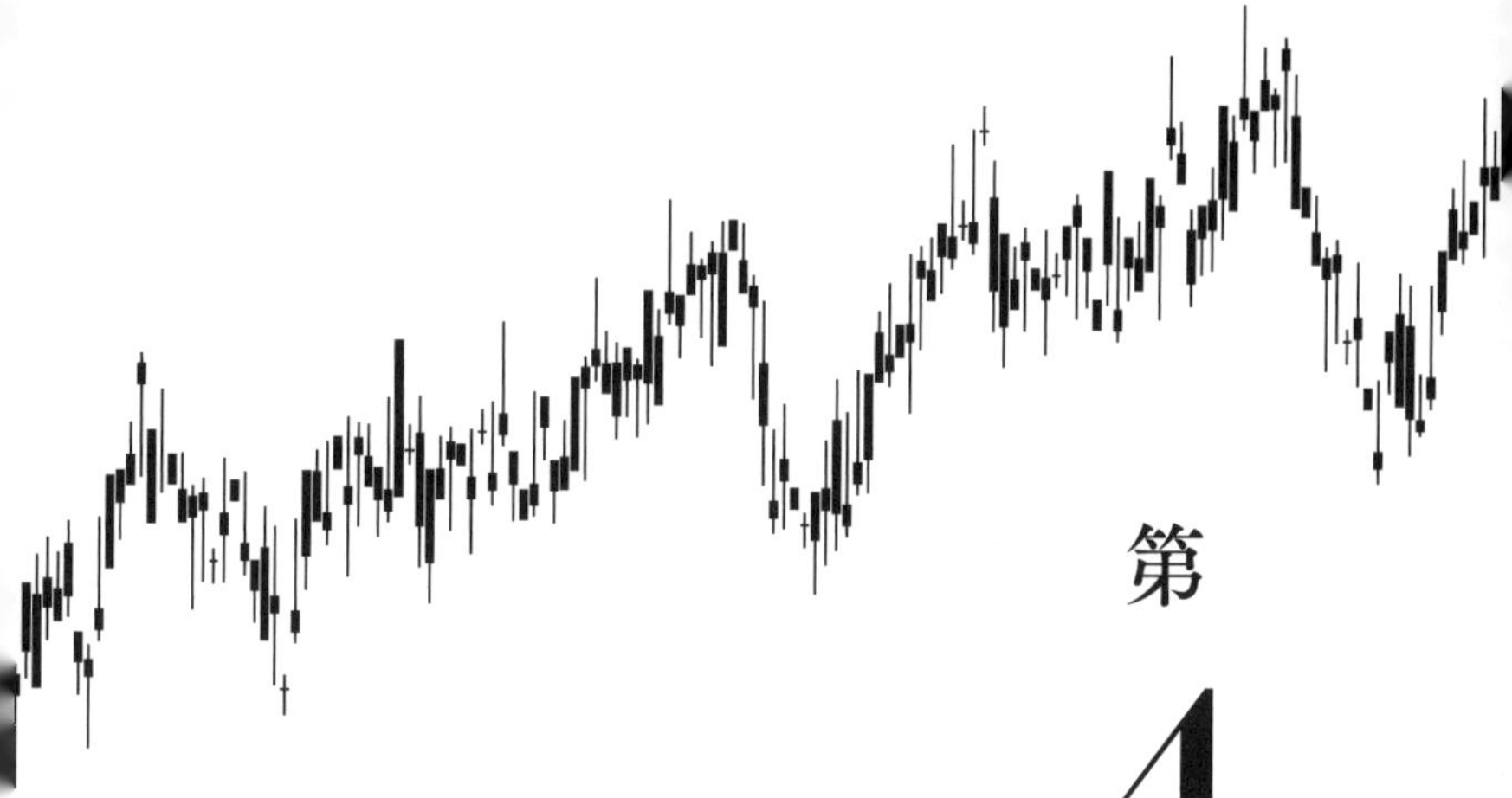

第4章

日本株　黄金の時代が始まる

海外が注目する日本

――設備投資急増のワケ

半導体関連の直接投資、火付け役はＴＳＭＣ

第1章で触れたように、海外の投資家による日本株投資が急激に戻っている。ここ10年間、日本株に距離を置いていた彼らだが、24年の日本の変革は本物だと評価し、長期投資を前提にした資金が流入し始めた。

海外からの投資が戻っているのは、株式市場だけではない。間接投資だけでなく、直接投資も顕著に増えている。先端産業である世界の半導体企業が相次ぎ、日本で生産拠点や研究開発拠点を設けている。

火付け役になったのが、世界最大手の半導体企業、台湾積体電路製造（ＴＳＭＣ）による熊本工場の設立だ。２０２４年2月24日、熊本県菊陽町に立ち上がった第１工場の開所式が開かれた。式典にはＴＳＭＣ創業者の張忠謀（モリス・チャン）氏のほか、ソニーグループ会長兼最高経営責任者（ＣＥＯ）の吉田憲一郎氏、経済産業大臣の齋藤健氏、熊本県知事（当時）の蒲島郁夫氏などが出席した。チャン氏は「日本の半導体の供給網（サプライチェーン）を強靭化する。今日が日本の半導体産業にとってルネサンスになる」と語った。

ＴＳＭＣは第1工場に続き、6ナノメートルの先端半導体を生産する第2工場の建設も決めて

TSMC熊本工場が2024年2月に開所した（共同通信社）

いる。さらに第3工場も視野に入っているという。これまでに決まった投資の総額は3兆4000億円だ。うち1兆2000億円分を日本政府が補助する。熊本県ではTSMCの工場設立をきっかけに、周辺産業も巻き込んだ投資ラッシュになっている。すでに50社ほどが熊本県での設備投資を表明した。例えば、半導体製造装置大手の東京エレクトロンが熊本県合志《ごうし》市に開発用の新拠点建設を発表、ディスコも新たな開発拠点を熊本県内に設けた。

相次ぐ新規投資、製造拠点や開発拠点の設立で、熊本県に大きな雇用が生まれた。人手不足から賃金は上昇、マンションの新築も相次いでいる。タクシーなどの交通需要、食品や日用品の購買需要も急拡大し、TSMC特需に沸いている。

世界の半導体企業が相次ぎ日本に進出

日本への直接投資を急いでいるのはＴＳＭＣだけではない。韓国のサムスン電子は横浜市西区のみなとみらい21地区に、半導体の次世代パッケージング技術の研究拠点を新設する。ほかにも台湾半導体3位、世界でも6位の力晶積成電子製造（ＰＳＭＣ）が、ＳＢＩホールディングスと共同で８０００億円を投じ、宮城県大衡《おおひら》村に車載向け半導体工場を設立する。ＰＳＭＣの黄崇仁社長は、「日本は有力な自動車メーカーが多く、日本には大きなビジネスチャンスがある」と語る。

ＴＳＭＣが35％の株主で、特定用途向け集積回路（ＡＳＩＣ）の研究、開発を手掛ける台湾のグローバル・ユニチップ・コーポレーション、同じく台湾企業でファブレスチップの設計を手掛けるアルチップ・テクノロジーズなども相次ぎ、日本進出を決めている。アルチップはこれまで中国に製造拠点を多く抱えていたが、日本へのシフトを始めた。

米国の半導体大手、マイクロン・テクノロジーも広島工場（広島県東広島市）の設備投資などで、今後５０００億円を投じると発表した。広島工場の投資は、経済産業省が２３００億円を補助することが決まっている。２０２６年までに同工場で最先端の半導体を量産する。半導体の微細な回路を形成するのに必要な極端紫外線（ＥＵＶ）の露光装置も手掛ける。

相次ぐ海外半導体企業の日本進出。その中心になっているのが台湾勢だ。これまで台湾の直接投資の中心は中国だった。２０２３年、台湾から中国への直接投資は前年比で40％減少、30億４０００万ドルになった。一方、台湾から日本への直接投資は同47％増の２７００億円と、対照的な結果になった。

台湾の中国向け直接投資が激減した理由は、中国経済の減速もあるが、それ以上に米国と中国の対立が激化したためだ。中国製品への制裁関税に始まり、中国の大手通信機器メーカー、ファーウェイに対する先端半導体の輸出規制など、事業環境が大きく変わった。24年5月、米政府は中国の電気自動車に現行の４倍の１００％、半導体には2倍の50％の制裁関税を課すと発表した。米国の次期大統領候補であるドナルド・トランプ氏も、対中国の輸入関税を一律に60％まで引き上げる方針を、予備選にあたって公約として掲げている。このまま中国でビジネスを続けていると、やがて大きな痛手を受けると考えた台湾の半導体関連企業は、新天地として日本に目を向けた。

中国のハイテク産業は、米アップル社のスマートフォン生産を担ってきた鴻海《ホンハイ》精密工業など、台湾企業に依存してきた面もある。台湾企業の海外直接投資のうち、２０１０年までは中国向けが80％以上を占めてきたが、２０２３年は一転して11％まで低下している。その代替先として、日本が浮上している。

昭和末期、日本の半導体は輝いていた

1980年代、日本の半導体産業の世界シェアは50％を超えていた。1986年に米国を抜き、世界一の半導体製造国になった。日本の家電メーカーの技術力は高く、テレビ、オーディオなどで世界のトップを走っていた。日本の半導体メーカーは、こうした民間企業の需要に応える形で売り上げを伸ばした。昭和の末期、輝きを放っていた半導体立国日本は、今や世界シェア10％程度まで落ち込んでいる。最先端と言われる2ナノレベルの半導体を生産する技術もない。平成に入り、なぜ日本の半導体産業はここまで凋落したのだろうか。

1つ目の理由は日米半導体協定だろう。1980年代後半、日米貿易摩擦で半導体が標的になった。日米の貿易摩擦の対象は、古くは繊維、鉄鋼、家電、自動車と続き、半導体に至った。米国への輸出規制が強まり、逆に日本国内で海外製の半導体シェアを20％にするよう求められた。ダンピング防止を理由に、最低価格制度の導入も決まった。当時の日本は、メモリー半導体の一種であるDRAMが主力商品だった。販売価格の維持を求められている間に、日本より安くDRAMを製造する韓国企業、特にサムスン電子の台頭を許した。

日本の半導体が凋落した2つ目の理由は、ビジネスモデルの変化だ。米国の半導体産業は、設計を担当するファブレス企業と、製造を担当するファウンドリ企業に分かれ、効率化が図られた。日本は設計から製造まで担う旧来のビジネスモデルを続け、新しい潮流へ乗り遅れた。

3つ目の理由は最大の顧客だった日本の電機メーカーの落ち込みだ。かつて世界一と言われた日本の家電も、主力商品がテレビや白物家電からパソコンやスマートフォンに変わっていく過程で、売り上げが減少した。日本の家電メーカーは半導体事業への投資を増やす余裕がなくなった。

海外市場に活路を求めたが、円高によって輸出競争力を失った。円相場は当時、1ドル80円台前半まで上昇しており、輸出競争力は大きくそがれていた。半導体だけでなく、携帯電話、パソコン、液晶テレビ、太陽光発電パネルなど、一時は世界でトップクラスのシェアを誇った分野は、円高で壊滅的な打撃を受けた。取って代わったのが台湾、韓国、中国の企業だった。

1990年代後半になり、日本国内で「電機メーカーの半導体部門を集めて再編成すればばい い」という声が上がった。そこに予算を投じ、「日の丸半導体連合」を作り出す構想だったが、うまくいかなかった。1999年、日立製作所、NECなどのDRAM事業部門を統合し、エルピーダメモリが発足したが、2012年に経営破綻、マイクロン・テクノロジーの傘下入りを余儀なくされた。

韓国、台湾、中国では、政府が補助金を投入し、積極的に半導体産業を育成した。生産設備の拡大や人員育成を政府主導で進めた。日本との差は開くばかりだった。その結果、今や世界の半導体受託製造シェアの65％を台湾が握っている。万一、台湾で有事があれば、国内に生産拠点を持たない国は、半導体を手に入れることが難しくなる。

凋落した日本が復権した

落ちるところまで落ちた日本の半導体産業。技術がない、需要もない、補助もない。ないないづくしの状況が、23年あたりから変わり始めた。ＴＳＭＣなどへの支援も含め、政府は半導体産業育成のために、４兆円規模の補助金投入を決めた。国民生活に必要不可欠な半導体の安定供給は、政府主導で進めるべきだと考えたからだ。半導体は電子機器や人工知能（ＡＩ）など幅広い分野で使われ、経済安全保障上の重要性も高い。

日本半導体の復活。その象徴的な存在が、次世代半導体の国産化を目指すラピダスだ。ラピダスは22年８月10日、トヨタ自動車、デンソー、ソニーグループ、ＮＴＴ、ＮＥＣ、ソフトバンク、キオクシア、三菱ＵＦＪ銀行が出資し、先端半導体の国産化に向けて設立された。

22年６月に岸田内閣が発表した「骨太の方針」で、次世代先端技術を開発する民間企業への支援や、次世代半導体の設計、製造基盤の確立が盛り込まれた。ラピダスの設立はこうした政府の

日本半導体の復活か。ラピダス設立会見が行われた（日刊工業新聞／共同通信イメージズ）

姿勢を受けたものだ。ラピダスは北海道千歳市に工場を新設する。23年9月に着工、25年4月の試作ライン稼働、27年の量産開始に向けて工事が進む。回路線の幅が2ナノメートルと世界でも最先端の、微細な半導体の量産を計画している。政府は３３００億円の補助を決め、24年4月には５９００億円の追加支援を決めた。支援総額は1兆円規模となる。

後工程と呼ばれる技術の開発に５００億円超を充てる。複数の半導体を同じ基板に載せて性能を高める3次元実装や、異なる複数の半導体を組み合わせたチップレットなど、先進的な後工程技術の確立を急ぐ。ラピダスは国が全面支援する国家プロジェクトとも言え、成功すれば衰退が続いてきた日本の半導体産業の逆転に向けた起爆剤になる。

半導体大手キオクシアと米ウエスタンデジタルは、共同運営する三重県四日市市と岩手県北上市の

【図表4–1】半導体工場の主な新増設と政府支援

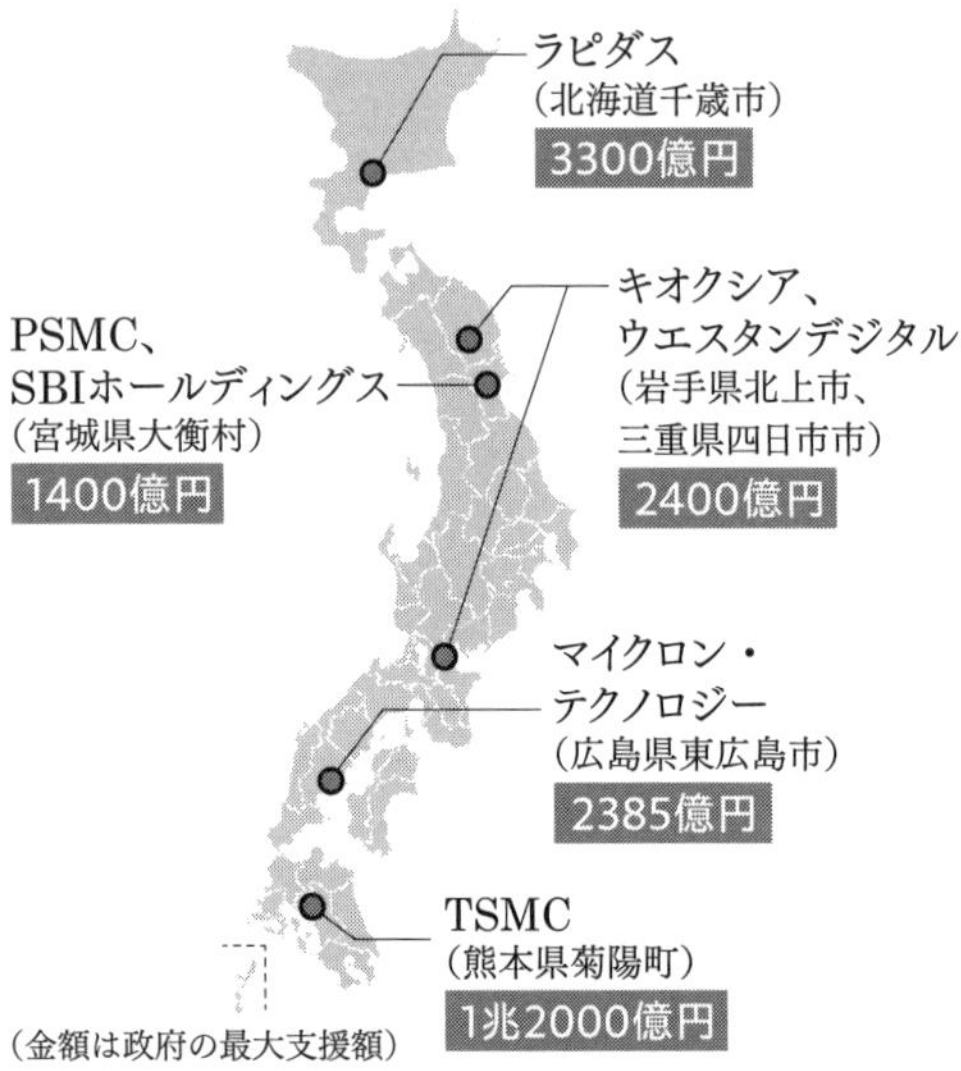

出所：日本経済新聞社

工場で、記憶用半導体の生産増強に７２００億円超を投じる。政府の支援は２４００億円だ。こうした国の支援も追い風にした半導体メーカーの積極投資は、装置メーカー、材料メーカーなど関連会社の投資の呼び水となり、産業連鎖の好循環が生まれている。

米中対立の激化が日本に幸運をもたらした

23年から日本に吹き始めた半導体の追い風。その背景には米中経済対立の激化や地政学的な環境変化がある。半導体など先端技術のサプライチェーンから中国を排除するという米国のシナリオに沿って、日本で半導体産業の復活が始まった。30年前に日本から台湾、韓国、中国に移ったアジアの半導体製造の中核が、久々に日本に戻ってくる。少し前には考えられなかった大きな変革が、ここでも起きている。

日本半導体の復活。タイミングもいい。世界の半導体需要が今後、加速する時期に入るからだ。英国のＩＴ関連調査会社オムディアは、23年に大きく落ち込んだ世界の半導体需要は24年以降、10％程度の伸びが続きそうだと予測している。特にデジタル・トランスフォーメーション（ＤＸ）とグリーン・トランスフォーメーション（ＧＸ）向けの半導体投資は、24年から30年にかけて、世界で７５０兆円規模になる見込みだ。７５０兆円のうち、ＧＸは５００兆円を占める。ＧＸは石油、石炭など化石燃料に依存していた産業構造をクリーンなエネルギーに代え、環境保護と経済成長を両立させる政策を指す。欧米を中心に、政府が主導し、大企業はＧＸ化を急いでいる。

ＤＸ、ＧＸ向けの半導体投資に加え、今後大きく伸びるのがチャットＧＰＴに代表される生成人工知能（ＡＩ）向けの半導体投資だ。この分野で世界トップの米国企業エヌビディアは、業績も株価も急上昇している。24年2月に発表した同年1月期の決算では、売上高が前年同期比２・3倍の６０９億ドル、営業利益が同7倍の３３０億ドルと、すさまじい業績拡大をみせた。株価も急騰し、24年3月4日、同社の時価総額は円換算で３００兆円を超え、マイクロソフト、アップルに続き世界第3位に浮上した。

23年に落ち込んでいたパソコン、スマートフォン向けの半導体需要も、24年以降は回復が見込める。米国半導体工業会によると、23年に8％減となった需要は、24年に一転、13％増となる見通しだという。長らく低迷していたパソコン、スマホの買い替え需要が、ＡＩ化による機能向上によって強まっているためだ。

日本が得意な後工程に注目

日本の半導体産業にとって有利なのは、日本が得意とする「後工程」への注目が高まっていることも大きい。半導体の製造は回路部分を作る前工程と、回路部分を保護するパッケージ基板部分を取り付ける後工程に分かれる。後工程は半導体を完成させる工程とも言える。前工程でできるＩＣチップの元になるウエハーを切り出し、フレームに固定する。この切り分け作業や研磨作業、接合や固定化の作業から検査までが後工程で、使用する装置や設備の性能の高さが問われる。

日本の代表的な半導体の後工程企業として、アドバンテスト、ディスコ、ＴＯＷＡ、東京エレクトロン、ＳＣＲＥＥＮ、ＫＯＫＵＳＡＩ ＥＬＥＣＴＲＩＣなど、株式市場でも話題となる銘柄が続々と顔を出す。半導体の後工程を手掛ける日本企業は、世界最先端の半導体メーカーとの関係を維持し、情報収集を怠らず、密接な関係を築き上げてきた。半導体の製造プロセスが更新されるたび、開発パートナーとして技術を更新してきた。こうした努力が実を結び、世界でも注目される存在になっている。台湾のＴＳＭＣなどが日本に製造拠点を設けるのは、こうした後工程で優れた日本企業が多いことも関係がある。

意外な後工程企業が続々

アドバンテスト、ディスコなど半導体関連企業の定番とも言える存在だけでない。半導体製造の後工程には様々な作業があり、技術革新が日々、進んでいる。これまで半導体とは縁がなかった企業でも、後工程の作業で自社の技術を生かせる分野があることに気がつき、続々と新規参入している。

主な後工程は、回路が形成されたウエハーから半導体チップを切り出すダイシング、それをリードフレームの上に固定するダイボンディング、そこに電極を接続するワイヤボンディング、それをセラミックスや樹脂で封入するモールディングがある。最後に検査をして、性能や品質、持続性などを確認する。

これら一連の過程に、味の素、ＴＯＰＰＡＮ、花王、日東電工、積水化学、三菱ケミカル、巴川コーポレーション、大同特殊鋼、ＡＧＣなど、一見半導体とは縁がなさそうな企業が加わり、ニッチの世界で力を発揮している。

半導体の主戦場が家電やパソコン、スマホなどからＤＸ、ＧＸ、生成ＡＩなどにシフトする過程で、取り残されていた日本の半導体産業にチャンスがやってきた。大量の汎用品が必要な時代は終わり、これからは用途に応じた半導体が求められる。日本の出番である。

世界が日本の半導体産業に注目する時代

米国が進めるサプライチェーンの脱中国化。中国抜きでも世界のＩＴ産業が回るようにと、日本にその代役を期待している。この政策を後押しするように、米国は円安を容認している。価格競争力の面からも、日本に追い風が吹く。台湾、韓国などの半導体企業は、日本への投資が今後の勝負を決するカギになると考え、投資を活発にしている。日本政府も補助金で応援する。ＴＳＭＣの熊本第１工場は、１兆３０００億円の投資のうち、政府が４７００億円を補助、第２工場でも、２兆１０００億円のうち、７４００億円を政府が補助する。

今後も成長が見込める半導体ファブレス企業のエヌビディアは、同じ台湾つながりという強みを生かし、ＴＳＭＣとがっちり結びついている。ＴＳＭＣを頂点とする世界の半導体産業のピラミッドに、日本の半導体企業が絡んでいく。この構図の意味は大きい。

歴史的に見ても考えられないことが起きている

地政学リスクが日本の産業に強い追い風になった例として、１９５０年の朝鮮戦争が記憶にある。前線への補給基地として、日本は大きな役割を担い、その後の産業発展の基盤となった。今回の米中対立が起点となった半導体産業への追い風も、似たような構図だ。

一方、かつて隆盛を誇った日本の半導体産業を叩き潰したのも米国だった。貿易規制に加え、懲罰的とも言える円高によって、半導体はもちろん、パソコンや液晶ＴＶ、携帯電話などが潰滅的な打撃を受けた。それでも日本はしたたかに半導体の後工程、電子部品、部材などニッチ（すき間）市場で存在感を発揮し、生き残った。

１つ１つの市場規模は小さくても、日本抜きでは世界のＩＴ産業は成り立たない、いわばボトルネックを抑えた構図を実現した。そんな日本が今、中国を排除したＩＴのサプライチェーンの中心になろうとしている。１ドル80円の円高時代に経営破綻し、マイクロン・テクノロジーに買収されたエルピーダメモリの広島工場は、円安によって今や世界的にも高収益な拠点になった。

欧州各国や米国は経済的安全保障の観点から、積極的にＴＳＭＣの工場誘致をした。そのＴＳＭＣが２０２０年以降に国外で設立した新工場は日本だけだ。

米中対立が激しくなり、米国をはじめとする自由主義陣営は、中国へ過度に依存した供給体制の見直しを余儀なくされ、その最大の恩恵受益者が、かつて米国によるバッシングで沈没した日本なのだ。歴史の大きな転換を感じる。

歴史の大転換がやってきた

米国は１９７２年、日本の頭越しに中国と国交を開いた。それまで国連の常任理事国だった台湾と断交し、世界秩序の枠組みの中に中国を招き入れた。世界の表舞台にデビューした中国は、巨大な人口の中から優秀な人材を輩出、米国に留学させ、スタンフォード大学などで学んだ若者が、ＩＴ企業を次々と立ち上げた。

23年5月、筆者はシリコンバレーに出張する機会があり、スタンフォード大の関係者の話を聞いた。同大の海外留学生のうち、中国は１０００人、インド、台湾は７００－８００人ほどいるが、日本は30人ほどと少ない。卒業すると、中国や台湾からの留学生は現地に残り、起業を目指すが、日本人は帰国する人が多いという。

1972年の米中国交回復から50年。米国は中国を資本主義経済圏の仲間にしようと考えた時期もあった。中国企業は米投資銀行ゴールドマン・サックスなどの後押しで米国の証券市場に続々とデビューした。巨額の資金を調達し、成長していった。今になって、国交回復後に中国に接近し、あの国を大きく育てた政策は正しかったのかと、米国内では懐疑的な声もある。1972年から50年が経過し、米国では「中国と国交回復したあの時の判断は間違いだった」という論調さえある。当時ニクソン大統領は「日本を抑制することが太平洋の平和にとって利益になる」と述べていたことが、その後に公表された「訪中機密議事録」で明らかになっている。

その後も度重なる貿易摩擦や円高政策で、日本に打撃を与え続けた米国。そんな米国は24年、自国通貨安の誘導に目を光らせるための為替監視国のリストから日本を外し、円安を容認するようになった。円高は日本の競争力を奪い、生産拠点の海外移転を促し、雇用を奪った。それが今、円高とデフレの悪循環は断ち切られ、円安による経済の復活が実現しつつある。黒田日銀総裁による異次元緩和に代表されるアベノミクスが、大きな転換の始まりであり、それが米中対立の構図の中で加速している。2008年以降のウォン安で韓国企業が競争力を高め、日本のハイテク企業を凌駕したのと同じ図式が、日本で今、起きている。

日経半導体株指数の登場も時代の変化を映す

日本経済新聞社は24年3月25日、東京証券取引所に上場する半導体関連株で構成する「日経半導体株指数」という新しい株価指数を設定、算出を始めた。東証に上場している半導体関連企業のうち、時価総額が大きい30銘柄を組み入れた指数だ。24年に日経平均が過去最高値を更新し、4万円の大台を初めて超えた原動力となったのが、半導体関連株であることは間違いない。半導体関連株を中心に組み入れた投資信託も人気となっている。日経半導体株指数という新しいインデックスの誕生も、株式市場の時代変化を映しているといえよう。

日本企業も大型設備投資に動く

海外の半導体企業による大型の直接投資が増え、これが日本企業を刺激している。日本の半導体関連企業でも、大型の設備投資が増えている。京セラは２０２５年３月期と26年３月期の２年間で、６０００億円の設備投資をする。同社としてこれまで最大だった23年３月期の水準を７割上回る。生成ＡＩ向けの需要などで、主力の半導体関連市場が25年以降、成長局面を迎えるとみており、増産体制を整える。投資分野は半導体製造装置に使うセラミック部品などが中心となる。

信越化学工業は830億円を投じ、群馬県に半導体素材の新工場をつくる。フォトレジスト（感光材）など半導体ウエハーに回路を描く露光工程で使う材料を生産する。国内の製造拠点新設は56年ぶり。2026年の完成を目指す。半導体の製造装置や素材は日本企業のシェアが高い製品が多い。戦略物資として各国が半導体産業の集積を進めており、日本でも素材まで含めたサプライチェーン（供給網）づくりが本格化する。フォトレジストで信越化学の世界シェアが約2割、先端品に限ると4割以上とみられる。

三井化学は半導体回路の原版を保護する薄い膜材料「ペリクル」を生産する山口県の工場を増設する。50億〜90億円を投じて、25〜26年に従来品より性能を高めた製品を量産する。半導体生産に必要な材料も国内で調達できるようにすることは、供給網の強化につながる。

東京エレクトロンも2029年3月期までの5年間で、研究開発費を8割増の1兆5000億円とし、設備投資も9割増の7000億円を見込む。東エレクは27年3月期までに売上高3兆円、営業利益1兆円の目標を掲げており、積極的な設備投資でこの先に拡大する需要を取り込む。

ルネサスエレクトロニクスは24年4月、2014年に閉鎖した甲府工場（山梨県甲斐市）を9年半ぶりに再稼働した。電力を制御するパワー半導体を生産する。半導体受託製造のＪＳファンダリ（東京・港）は１９８４年稼働の工場に１３０億円を投じて3割増産する。電気自動車（ＥＶ）やデータセンター向けに需要が拡大するなか、既存の工場を活用して機動的に生産体制を整える。国内の半導体産業の底上げにもつながる。

東エレクの予測では、世界のデータ通信量は２０４０年、今の１００倍になり、半導体の処理性能は２・５倍に高まるという。生成ＡＩやクルマの自動運転、次世代高速通信規格６Ｇなどの技術が発展し、半導体の需要はますます拡大する。こうした需要に応えるため、今から手を打っておく戦略だ。

半導体関連だけではない、設備投資総額は過去最高

24年3月に財務省が発表した法人企業統計調査も衝撃だった。23年10月から12月までの日本企業の設備投資が総額14兆円となり、この期間として過去最高となった。さらに日銀が24年４月１日に発表した3月の全国企業短期経済観測調査（短観）でも、大企業製造業の24年度の設備投資予定額が前年度比８・５％増と、バブル期の１９８９年以来の高い伸び率となった。半導体分野のほか、人手不足を補うための省人化投資などが広がっている。

日本経済新聞社がまとめた２０２３年度の設備投資動向調査でも、全産業の設備投資額は、前年度に比べて17％増の約32兆円と、こちらも過去最高になった。けん引したのは電気自動車（ＥＶ）生産を拡大する自動車メーカーや、人工知能（ＡＩ）の普及で必要になっているデータセンター（ＤＣ）の整備だ。

業種別にみると、全33業種のうち紙パルプ、不動産、建設、鉱業の４業種を除いた29業種で設備投資が増えている。コロナ禍で経済が縮小した２０２０年度から、企業は設備投資を手控えてきた。経済活動が再開した22年度後半あたりから、設備投資の意欲が戻ってきた。

自動車メーカーはＥＶや車載用の電池の生産拡大を急いでいる。トヨタ自動車の23年度の設備投資額は１兆９７００億円となり、過去最高となった当初計画からさらに６％上積みしている。ホンダも同じく10％上方修正した。

各企業が生産性を高めるために導入している生成ＡＩの普及で、データ量が大きく増え、データセンター（ＤＣ）のニーズが高まっている。ＫＤＤＩはこの分野で、１年前より23％設備投資を増やした。ＮＴＴは２兆円の設備投資額のうち、１兆円をＤＣなど成長分野に充てる。海外の企業も意欲的だ。米オラクルは24年４月、今後10年間で日本国内のデータセンターに約１兆２０００億円を投じると発表した。マイクロソフトも今後２年間で４４００億円を投じる。米クラウド会社が24年に表明した対日投資額は計４兆円に迫る。政府や企業の需要を取り込む狙いだ。

コロナ禍が明け、消費が戻ってきたため、流通・小売業の設備投資も増えている。深刻な人手不足に対応するため、セルフレジの導入などが進んでいる。セブン＆アイ・ホールディングスは前年度比で7％強、設備投資を増やす。

環境関連投資も大きく伸びる

日本企業の設備投資はこれまで、海外が多かった。円高やデフレの影響もあり、国内で製造拠点の新設や増設をしても、輸出増や売り上げ増につながらなかった。コロナ禍では一段と投資が手控えられたが、22年後半あたりから風向きが変わってきた。海外拠点への投資だけでなく、国内向けとのバランスが取れた投資へ変わってきた。この背景には、過度な円高が修正され、輸出できる環境が戻ってきたことがある。また企業のデジタル化、グローバル化、環境対応への取り組み強化により、新たな投資が不可欠になったことも見逃せない。

グリーン投資と呼ばれる環境関連の設備投資も、高水準で推移している。日本では菅義偉首相の時代に、2050年までに温暖化ガスの排出量を実質ゼロにする目標を打ち出した。目標達成に向け、政府は日本企業のグリーン投資の背中を押す。地球温暖化対策と経済成長の相乗効果を生み出すため、企業に再生可能エネルギーの普及や関連技術の開発を求めている。

三菱電機は24年3月末、24年度から30年度までの7年間で、環境関連の研究開発に約9000億円を投じると発表した。機器の省エネルギー化や次世代パワー半導体の研究開発などに充てる。漆間啓社長は「社会や環境への貢献と事業を両立したい」と意欲を見せる。同社は23年度までの3年間で、すでに約3700億円を環境分野に投資している。30年度までに、工場やオフィスで使用する電力を100%クリーンエネルギーにして、工場やオフィスからの温暖化ガスの排出量の実質ゼロを目指す。

岩谷産業は27年までに約500億円を投じ、川崎市と愛知県豊田市に液化水素の製造拠点を新設する。水素は使用時に二酸化炭素（CO_2）を排出しない。バスなどの動力として期待できる。発電にも用途が広がりそうで、このニュースを受けて、岩谷産業の株価は24年3月末、上場来の高値を付けた。

COPで感じた日本企業への期待

筆者は2022年11月、エジプトのシャルム・エル・シェイクで開催された第27回国連気候変動枠組み条約締約国会議（COP27）を取材する機会があった。COP27で日本は、不名誉な賞

COP27では大成建設やカネカがブースを構えた（筆者撮影）

と言われる「化石賞」を、前年に続いて受賞するなど、環境対応に消極的なイメージを持たれがちだが、一方で、日本企業の環境対応への高い技術に称賛の声も多かった。

大成建設はCO_2を吸収した炭酸カルシウムを原料にした新しいコンクリートを展示した。製造過程でCO_2排出量の多いセメントの代わりに、このコンクリートを使えば、CO_2の排出量は実質マイナスになる。カネカは太陽光発電ができる窓ガラスを展示した。ビルの屋上や住宅の屋根は、新たに太陽光パネルを設置する余地が少なくなっている。窓で発電ができれば、可能性は広がる。環境省は新庁舎に、この太陽光発電窓を採用する。

三菱重工業の水素ガスタービンも注目された。最小限の部品交換で、発電所などの既存のタービンと置き換えることができる。水素の需要を喚起することで、温暖化ガスの排出削減につながる。東芝は超軽量で小型だが高出力の超電導モーターを展示した。この技術の行き着く先は電動航空機だ。電動自動車は今や普通となり、温暖化ガス削減の重要な担い手だ。ガソリン自動車と同様に、温暖化ガスの排出が多い航空機が電気で動くようになれば、その効果は大きい。

他にも、COP27の会場で鉄鋼大手のJFEホールディングスが排出削減に向けた企業努力を訴え、パナソニック、日立製作所も地球にやさしい未来の社会や街を示した。世界の有力な機関投資家は脱炭素を重要な投資テーマにしており、鉄鋼会社など温暖化ガスの排出が多い企業は、投資対象から外れる懸念もあった。

日本企業のこうした努力はもっと認められるべきだし、そのための世界に向けた情報発信を充実するべきだ。日本には温暖化ガスの排出を抑える石炭火力発電の技術もある。再生可能エネルギーに全面移行するまでの間、火力発電はある程度、活用せざるを得ない。その間の排出量を減らす日本の技術は注目されていい。実際、COP27の会場でもインド、中国など今も石炭火力発電に依存するアジア諸国の関心を集めていた。COP27を視察した西村明宏環境大臣（当時）は、「日本企業の優れた環境技術の育成に、政府として最大限の支援をする」と語っていた。政府と民間企業が連携し、グリーン投資を経済成長につなげてほしい。

2030年までに再生可能エネルギーへの投資は年間4兆ドルが必要と、COP27の合意文書に明記された。23年11月にＮＴＴの金融子会社、ＮＴＴファイナンスが２２００億円のグリーンボンド（環境債）を発行した。同社の23年の発行総額は６０００億円となり、ドイツの自動車メーカー、フォルクスワーゲン、フランスのエネルギー会社、エンジーに次ぐ世界3位になった。日本企業のグリーンボンドの発行額は23年、前年比で35％増となっており、資本市場における「環境ニッポン」のイメージが徐々に高まっている。

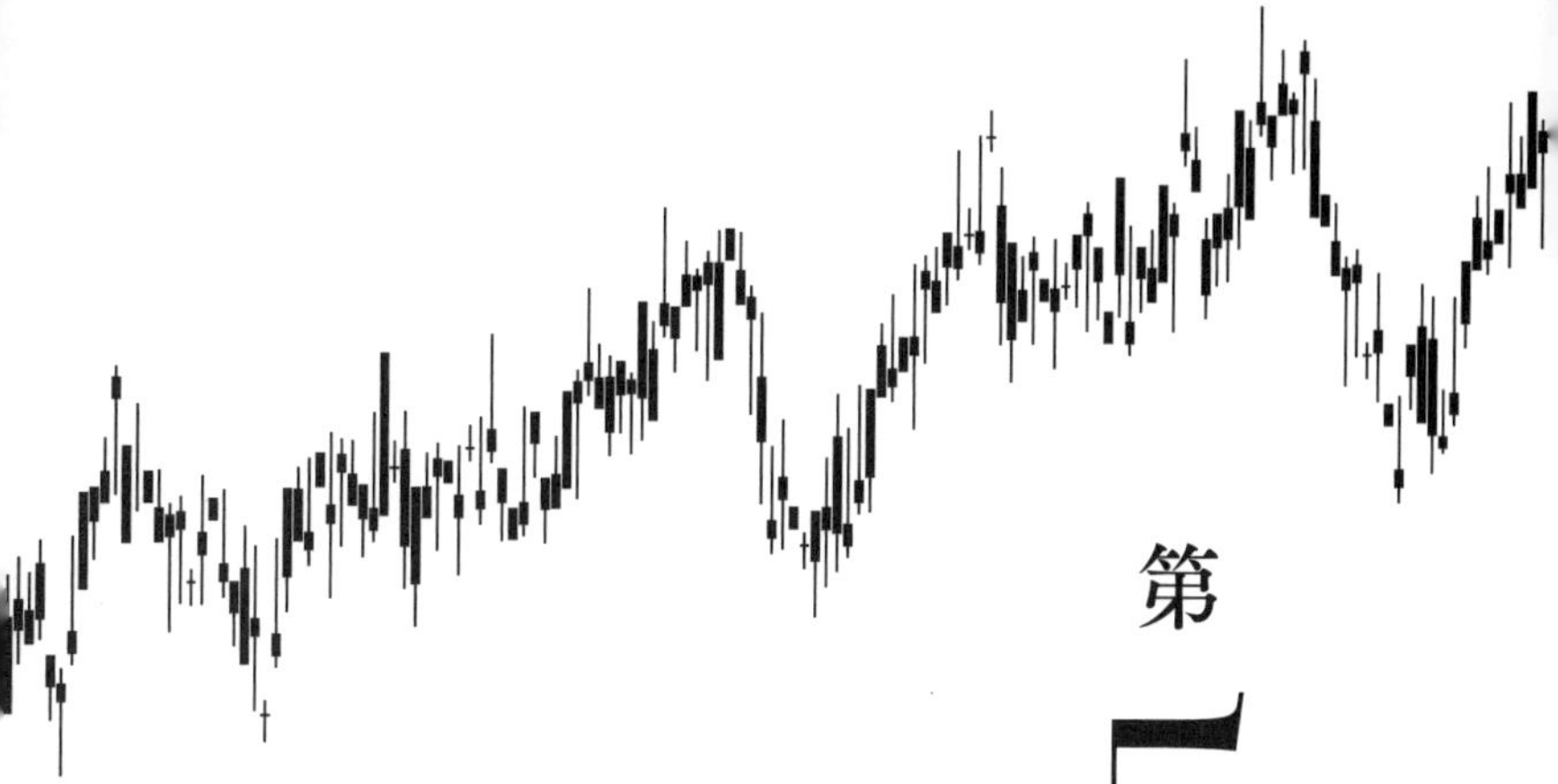

第5章

日本株　黄金の時代が始まる

成長にカネを使い始めた日本企業

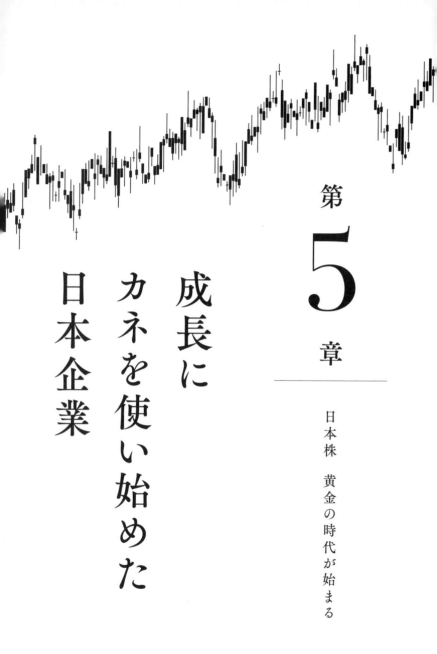

苦節30年、ようやく攻めの時代がやってきた

　東京証券取引所が上場企業に向けた「資本コストや株価を意識した経営の実現に向けた対応」と題する指針を受けて、大幅な自社株買いや増配、株式分割が増えていることは第1章で述べた。これらの対応は株価対策としては即効性があり、23年から24年にかけて、株価純資産倍率（ＰＢＲ）1倍の水準を回復する企業も増えた。

　一方で東証は上場企業に対し、中長期での成長戦略も示すように要請している。積極的な投資によって稼ぐ力を高め、長期保有を前提とした株主の期待に応えてほしいとの思いがある。日本企業は24年3月期まで3期連続で最高益を更新している。過去の利益は内部留保として積み上がっている。その額は24年3月期末で５５４兆円になる。

　デフレの時代が長く続いたため、ここに至るまで大きな投資に慎重な企業が多かった。２０２０年以降はコロナ禍でますます萎縮し、設備投資も手控えられた。潤沢な内部留保が活用される機会は少なかった。デフレ下なら、この判断は妥当だったとも言える。設備を増強し、生産を増やしても、売り上げが伸びるとは限らない。値下げを余儀なくされ、作れば作るほど赤字になる構図さえあった。

だが24年、日本は脱デフレが鮮明になってきた。大幅な賃上げで家計の消費意欲は高まり、モノが売れ始め、物価上昇もなんとかこなせる状況になってきた。こうなれば企業は攻めに出ることができる。売り上げを伸ばし、ビジネスを拡大するチャンスがやってきた。苦節30年、ようやく前向きな投資を増やす時代が到来した。

海外でのM&Aが急増している

成長に向けた大型の投資が動き出す。日本企業は海外でM&A（合併・買収）を手掛け始めた。世界に目を向け、資金を成長力の高い海外の国へ振り向ける流れが加速している。積み上げた内部留保に加え、日銀の17年ぶりの利上げ後も続く低金利が、企業の背中を押す。

2023年、日本企業による海外企業の買収は、前年から81%増の580億ドルとなった。他のアジア太平洋地域の企業による対外M&Aは26%減少しており、日本企業の積極姿勢がうかがえる。24年1－3月は170億ドルと、23年を超える勢いで、24年は通年で過去最高になる可能性もある。コロナ禍の時代は、M&Aの計画が浮上しても対象会社の調査などが対面でできず、十分な情報が得られずに断念したケースもあった。東証の要請や海外株主からの内部留保の活用要請は強い。海外M&Aは、それらに応える有力な選択肢になっている。少子高齢化で先行き大きな伸びは期待できない国内市場に固執するより、グローバルな視野で海外の成長を取り込む経営に活路を見いだそうとしている。

23年末から24年初に大型案件ラッシュ

23年末から24年初にかけて、海外で大型M＆A案件が相次いだ。日本製鉄は米国の鉄鋼大手、USスチールを約2兆円で買収すると発表した。ルネサスエレクトロニクスが米国の半導体ソフトウエア開発アルティウムを約9000億円で買収することも明らかになった。東京ガスは米シエールガス開発のロッククリフ・エナジーを約4000億円で買収する。

積水ハウスも24年1月、米国の戸建て住宅会社MDCホールディングスの全株式を約7200億円で取得することを決め、カゴメも米国のトマト加工大手インゴマーパッキングを360億円で買収すると発表した。海外M＆Aに必要なドル資金を確保するうえで、円安は不利な状況になるが、1ドル150円を超える円安水準にもかかわらず、日本企業の動きは加速するばかりだ。海外でビジネスを一から立ち上げるのは簡単ではない。自ら海外で現地法人を立ち上げ、人を雇い、販売ネットワークを構築するよりも、現地で実際にビジネスを展開する企業を買収する方が手っ取り早い。M＆Aの最大の効能は「時間を買う」ことだ。ビジネスがグローバル化し、IT

社会となり、経営もスピードが要求される時代だ。

慎重にそして賢明に進める海外M&A

早い経営判断が求められるあまり、拙速なM&Aで失敗しては元も子もない。このところ増えている海外M&Aをみると、慎重に、賢明に事を進める日本企業の戦略が浮かび上がる。積水ハウスは2017年、米国西部を拠点とする住宅会社ウッドサイド・ホームズ・カンパニーを約540億円で買収し、米国の戸建て住宅事業に本格参入した。その後も米国の住宅会社を立て続けに買収し、実績を積み上げてきた。MDCを買収する時点で、米国の西部、南部の8州で戸建て住宅事業を進めていた。2022年の引き渡し戸数は5360戸、MDC買収によって年間約1万5000戸に増える。この水準は全米5位に相当する。まったくのゼロから一気に大型の買収をするのではなく、ある程度実績を重ね、下地ができたところに、さらなるM&Aで業容を拡大する。こうした堅実なM&Aの手法は、成功する可能性が高いだろう。

カゴメも同様だ。トマト加工大手インゴマーパッキングの買収も段階を踏んでいる。カゴメは2016年に同社に20%出資し、米国での主要な調達先としてパイプを構築してきた。8年かけて、同社がビジネスパートナーとして信頼でき、この先もカゴメの成長に寄与してくれると判断した。今回のM＆Aは出資比率を20％から70％に引き上げ、連結子会社にするものだ。買収額の360億円は、カゴメとしては過去最大の投資規模になる。この買収によって、米国でトマトの栽培からピザソースなどへの加工まで、一気通貫で川上から川下まで完結できるようになる。24年12月期に連結決算で500億円から600億円の増収要因、90億円程度の純利益の増益要因になる。

東京ガスによるロッククリフ・エナジー買収も同じことが当てはまる。ロッククリフ買収は、東京ガスが72％出資している米TGナチュラル・リソーシズが実動部隊となる。同社が投資会社クオンタム・エナジー・パートナーズから全株式を約4000億円で取得した。TGナチュラルとロッククリフは隣接するエリアに鉱区を持っており、情報収集がしやすかった。隣接する鉱区を統合できれば、生産コストが下がり、競争力向上も期待できると考えた。現地での細やかな情報収集、今後のエネルギー市場の動向など、生きたデータを検証したうえでの決断だった。米国ではシェールガス、シェールオイル関連企業のM＆Aが増えている。エクソンモービルやシェブロンが大型買収に動いている。東京ガスにとって、ぎりぎりのタイミングを見極めた買収だった。東京ガスは2030年に純利益2000億円の中期経営目標を掲げており、4分の1を海外で稼ぐ目論見となっている。今回の買収により、TGナチュラルのガス生産量は約4倍になる。目標到達に向けた大きな一歩となりそうだ。

ルネサスは大胆な勝負の一手に打って出た

一方で、ルネサスエレクトロニクスによる約9000億円の米ソフトウエアメーカー、アルティウム買収は、大胆な勝負手と言える。ルネサスはこれまでも半導体企業買収の実績はあるが、アルティウムはソフトウエア会社だ。買収額はルネサスにとって過去最大だ。記者会見で柴田英利社長は「(買収額が)高いと思われた人も多いのではないか」と語った。

ルネサスは2010年、日立製作所、三菱電機、NECの半導体部門が統合して生まれた。長く赤字が続いたが、構造改革や収益力向上に努め、23年12月期の純利益が31%増の3370億円と過去最高となり、19年ぶりの復配も果たした。2019年には米国の半導体メーカー、インテグレーテッド・デバイス・テクノロジー(IDT)を7300億円で買収している。

柴田社長が会見の冒頭で買収金額に言及したのには、理由がある。買収額の割高・割安の判断指標となるEV/EBITDA(利払い・税引き前・償却前利益)倍率は約62倍と、IDT買収など過去の大型M&Aの同倍率、20–30倍前後に比べて大きいからだ。

アルティウムはプリント基板の設計ツールで高いシェアを持つ。売上高成長率20%、売上高EBITDA比率は36・5%と収益力は高い。ルネサスはアルティウムの買収によって、顧客にソフトウエアの開発などもセットで提案する体制ができると考えた。

ルネサスが主戦場とする自動車向け、産業機器向けの半導体は競争が激しく、市況も良くない。柴田社長は「今回の買収はこれまでと大きく性質が異なる。我々の長い将来を規定していく非常に重要なファーストステップになる」と語った。半導体のハードウエア、ソフトウエアの両輪を柱とする企業に生まれ変わる狙いがある。アルティウムの買収について「価格が高い」というアナリストたちの声を抑え込むような成果を示すことができるか、ルネサスにとって勝負の一手になる。

過去には失敗例も多い

ルネサスによるアルティウムの9000億円の買収がうまくいくか注目されるが、この案件以上に関心を集めているのが、日本製鉄によるUSスチールの2兆円買収だ。金額の大きさもさることながら、過去に日本企業による大型買収には、失敗した案件も少なくないため、その帰趨《きすう》が注目されている。

海外の大型M&Aの失敗は1980年代後半、バブルの絶頂期の案件で目立つ。例えば1989年10月の三菱地所によるロックフェラーグループ（RGI）の買収だ。買収額は約

２２００億円、ニューヨークの象徴とも言われる大型ビルの買収は「米国の魂を買われた」とニューヨーク市民の反感を招いた。その後、日本のバブル崩壊、米国でも不動産市況が悪化し、ＲＧＩは95年に米連邦破産法11条（チャプターイレブン）を申請して破綻。三菱地所は96年３月期にＲＧＩの株式評価損として１５００億円の特別損失を計上、１９５３年の上場以来、初の最終赤字となった。

三菱地所は破綻後のＲＧＩを97年、完全子会社化した。ＲＧＩが保有していたビル14棟のうち12棟は売却、残ったのはタイムライフビルとマグロウヒルビルだけだった。三菱地所はこの２棟を保有し続け、これがその後の海外事業の発展につながった面もある。

バブルの末期、日本企業による米国での大型Ｍ＆Ａが続いた。１９８９年９月、ソニーがコロンビアピクチャーを約５０００億円で買収した。松下電器産業（現パナソニック）は90年12月、映画の製作・配給大手で、ユニバーサルスタジオの運営など手掛けるＭＣＡを７８００億円で買収した。当時の日本企業による買収では最高額だったが、うまくマネジメントができず、５年後の95年６月、ＭＣＡ社に対する持ち分の80％をカナダのシーグラム社に売却した。

パナソニックは２０２１年３月、米ソフトウエア会社ブルーヨンダーを買収すると発表した。買収額は７０００億円超。パナソニックはセンサーなどのハードに強みを持ち、ブルーヨンダーは需要予測から受発注、生産、出荷まで管理できるソフトウエアを得意とする。ＭＣＡ買収のリベンジとなるか、注目を集めている。

ソニーが買収した現在のソニーピクチャーズは、ハリウッドで大手映画会社として高い収益を上げており、結果的に成功した案件と言えるが、買収直後は旧経営陣の放漫経営で巨額赤字を計上した時期もあった。

2000年以降も失敗例は続く

2000年8月、NTTコミュニケーションズは米国のインターネットサービス会社、ベリオを約6000億円で買収した。悲願の海外進出を実現したと思いきや、1年後の01年9月、5000億円の減損処理に至った。

2001年7月、古河電気工業は、米ルーセント・テクノロジーの光ファイバー部門を約2800億円で買収したが、北米の通信不況に見舞われて需要が急減、04年3月期に900億円の特別損失を計上した。

2006年に日本板硝子は英国のガラス大手、ピルキントンを6100億円で買収したが、リーマン・ショック後の需要急減速などで思うような収益が上がらなかった。減損処理が続き、買収から9年連続で最終赤字が続いた。

2008年6月の第一三共によるインドの後発医薬品メーカー、ランバクシー・ラボラトリーズの4900億円の買収も輸出規制などでうまくいかず、6年後に撤退。2012年の丸紅による米穀物メジャー、ガビロンの2800億円の買収も、中国向けビジネスへの規制などから業績は上向かず、2020年3月期にガビロン関連の損失で783億円の減損損失が発生した。

特筆すべき案件は、2006年2月の東芝による米原発大手、ウェスチングハウスの買収だ。2011年の東日本大震災の影響で、世界的に原発の安全性に対する懸念が強まり、経営が悪化した。東芝はウェスチングハウスの破綻により、1兆2000億円の損失を計上、2017年3月期に9656億円の最終赤字となった。これをきっかけに経営の迷走が始まった。

その後も2011年8月、キリンホールディングスがブラジルビール大手、スキンカリオールを2000億円で買収したが、2015年12月期に減損損失1412億円が発生、1140億円を特別損失として計上した。連結最終損益は上場以来、初の赤字となった。日本郵政による2015年のオーストラリア物流子会社、トール・ホールディングスの買収も失敗に終わった。日本郵政は上場前に成長戦略を示す必要があり、約6200億円の大型買収を急いだ。豪州経済の停滞などで業績が低迷し、日本郵政は17年3月期、約4000億円の損失を計上した。

なぜ日本企業の海外M&Aで失敗が多かったのか

M&Aは莫大な時間とコストがかかる。海外の投資銀行やM&A助言会社から提案を受け、社内で特命チームを立ち上げ、買収対象企業を徹底的に調査する。弁護士や会計士など専門家の知見も不可欠だ。買収対象の企業価値、資産価値、株価はそれに見合っているかなど精査する。海外企業が対象なら当然、現地に人員を派遣し、調べるのが普通だ。

様々なシミュレーションがなされる。買収後のシナジー効果はとても重要だ。のれん代はどのくらいか。買収後もその会社は成長できるのか。従業員や経営者は残るのか。事前の調査に半年から1年程度かかるのは当たり前だ。膨大なコストと時間をかけて結局、買収を断念することも珍しくない。買収価格が固まると、資金の調達に入る。手元資金、銀行からの融資、自社株を活用する場合もあるし、社債を発行することもある。M&Aは企業にとって、時に会社の命運を左右する大きな決断になるので、慎重に進める。それでいて大胆迅速に進めないと、他の企業に先を越されてしまい、買収のチャンスを逸しかねない。

実際、買収が終わってから、大変な作業が待っている。株式の譲渡契約、メディアへの発表、会見をし、経営陣をどうするのか、早急に決める必要がある。海外でのM&Aが成功だったと評価されるには、買収が順当に進んだかだけでなく、買収後も持続的な利益成長を実現する必要がある。

失敗の理由は様々ある

M&Aの大きなメリットは、時間を買うことだ。さらに市場シェアを一気に買うこともできる。優秀な人材や経営者を手中にすることもできる。一方で、こうした思惑が外れると、誤算となる。例えば、時間を買ったつもりだったのに、いざ買収した企業に乗り込んでみると課題が山積しており、その対応で時間がとられてしまうこともある。パナソニックの米国での買収は、こうした面が強かった。

買収後、市況が急激に悪化すると、結果として余剰な設備、人員を抱えることになる。キリンの豪州における買収はこれにあたる。買収効果が出るまでに時間がかかる。そこまで持ちこたえる経営体力と経営者の度量があるか。ソニーの場合、買収効果が出るまでにかなり時間がかかった。買収企業の業績が不振になると、買い手となった日本企業の連結決算も悪化する。日本板硝子、東芝はその事例と言える。

国際的な事業家、投資家として知られ、資源開発、穀物取引など手掛ける多国籍企業グレンコアの会長など歴任したサイモン・マレー氏は語る。「米国企業を買収するとうまくいかないことが多い理由は、米国内の企業がどこも手を出さない案件だからだ」。マレー氏はかつて、アジア一の富豪で香港最大の企業集団、長江実業の創業者である李嘉誠氏の側近として辣腕を振るった。長江実業は大胆なM&Aで強靱なコングロマリットを築いたが、米国でのM&Aに失敗している。マレー氏は「買う価値のある米国企業なら、米国企業が買う」と指摘している。バブル期に米国での買収に失敗例が多いのは、今ほど詳細な事前調査をしていなかったことや、買収後に「こんなはずじゃなかった」と嘆くような、隠れた傷のある企業も少なくなかったのだろう。

成功するM&Aとは――JTの事例

国際的なM&Aに多く関わり、今もM&Aの助言会社エピキュール・グループの社長を務める青木健太郎氏は、「買い手の日本企業の経営が盤石であること、買収を決断したトップがその後も案件を主導すること」が成功のポイントと語る。

日本企業の海外M&Aで数少ない成功例と言われるのが、1999年の日本たばこ産業（JT）による米国のたばこ大手RJRナビスコの米国外事業を手掛けるRJRインターナショナルの買収だ。青木氏は当時、JTの英国現地法人社長として、この案件に深く関わった。フィリップモリス、ロスマンズなど買収に名乗りを上げた世界の強豪を制してＪＴが買収した価格は、円換算で約1兆円。当時のメディアの反応は「典型的な高値づかみ、これぞ武士の商法」と批判的だった。しかしこの買収を起点にＪＴは海外Ｍ＆Ａを強烈に推進する。２００７年に英国のギャラハーを1兆７３００億円で買収、２０１６年に米国レイノルズの米国外たばこ事業を６０００億円で買収した。その後もロシア、バングラデシュ、エチオピア、インドネシアで立て続けに、現地のたばこ会社を買収している。他にもスーダン、エジプト、ドミニカ、ブラジルなどでＭ＆Ａを進めている。ＲＪＲ買収の前、ＪＴの海外売上高は全体の7％だったが、今は70％程度に拡大している。海外Ｍ＆Ａでこれほど成長した企業はないだろう。青木氏は語る。「ＪＴが成功したのは、日本国内に競合相手がなく、盤石の経営基盤を有しているからだ」と。

ＪＴも国内では失敗が多い

ＪＴは１９８５年に民営化され、今も財務大臣が筆頭株主として33・35％を保有している。上場後、ＪＴは国内でのたばこ消費は伸びないと考え、ビジネスの多角化を図った。飲料事業で98年、自販機運営大手のユニマットコーポレーションを買収した。缶コーヒー「ルーツ」などヒット商品もあったが撤退、サントリーグループに売却した。医薬品事業では98年、鳥居薬品を買収して本格展開したものの、事業開始からほとんどの期間、赤字を計上している。バーガーキングの経営も失敗、スッポンの養殖、野菜や果物生産など農業、スポーツクラブなど、手掛けた国内事業の多くは失敗した。それでもJTの経営が揺らがなかったのは、青木氏の指摘するように、国内での独占企業ゆえの盤石な経営体制があったからだ。国内での事業多角化を狙ったM＆Aで失敗を重ねたJTだが、海外でのM＆Aに活路を求め、成功した。

注目は日本製鉄のUSスチール買収

ここから先、注目すべき案件が日本製鉄によるUSスチールの買収だ。買収額は2兆円と超大型のM＆Aになるうえ、買収発表後、米国の大統領選挙を戦うバイデン大統領、トランプ前大統領が相次ぎ、買収計画に難色を示すなど、先行きに不透明感が漂っている。USスチールは24年4月に臨時株主総会を開き、日本製鉄による買収提案を承認した。賛成率は71％だった。9月までの買収完了を目指すが、米国の労働組合や有力な政治家が日鉄の傘下に入ることに反対しており、米規制当局の審査にも注目が集まる。

買収が成功すれば、大きな相乗効果が見込める。大手証券アナリストの分析では、買収後、日本製鉄の1株あたり利益は26年3月期、24年3月期より23％増えるという。日本製鉄のノウハウで高炉の操業効率を高め、買収の相乗効果を上げれば、27年3月期以降、本業の儲けを示す事業利益で年間200億円の増益効果が見込めるとの試算もある。

USスチールの買収資金、約2兆円は日本のメガバンクからの借り入れで賄う。3行からの融資は期間1年で、買収完了後に長期の借り入れに切り替える。当初計画通りに25年3月期中に買収が終われば、有利子負債はUSスチール分も含め、23年末時点の約3兆円から5兆円を超える。劣後ローンや劣後債の資本性を加味した負債資本倍率（DEレシオ）も悪化する。23年3月期末の約0・5倍から、0・9倍になる。日本製鉄は26年3月期までの中期経営計画で、DEレシオ0・7倍以下を目指している。もし買収資金を確保するため、3000億円程度の公募増資に踏み切れば、DEレシオは0・75倍あたりで落ち着くので、増資の可能性も残る。

当初想定より時間はかかるが、買収できるとの声も

バイデン大統領が日本製鉄の買収提案に対し24年3月、「USスチールが国内で所有、運営される米鉄鋼企業であり続けることが重要だ」と表明し、日本製鉄の買収にけん制球を投げた。米国内で運営という表現と、米国内で所有という表現には大きな違いがある。もし所有を前提とするなら、日本製鉄による買収は難しくなる。

バイデン氏の発言は一見、買収に否定的と受け止められる内容だし、多くの現地メディアもその流れで報道している。ただ、トランプ氏が「買収阻止」と言い切っているのに対し、バイデン氏は「阻止する」「反対する」とは明言していない。交渉の余地があることを示唆している。

日本製鉄の資本が入れば、USスチールの技術力が向上して生産性が高まり、雇用も安定する。買収先が同盟国の日本なら安心感もある。バイデン氏の微妙な言い方は、明らかに選挙対策だ。労働組合票を獲得するため、ギリギリの言い回しをした。

バイデン氏の発言を受けて、日鉄による買収を反対する全米鉄鋼労働組合（USW）は、バイデン氏の再選支持を発表した。USWは全米に約85万人の組合員を抱える。大統領選での支持獲得は極めて重要だ。USWのデービッド・マッコール会長はバイデン氏支持の理由として、「バイデン氏は労働者とその家族の味方だから」と語っている。バイデン陣営とUSWの間でなんらかの交渉があり、USWの支持表明になったのだろう。USWも買収を完全に否定しているわけではない。最後は条件闘争で、取れるものは取るとの思惑があるのだろう。こうなれば日本製鉄とUSWの協議がまとまるかどうかがポイントだ。まとまれば、バイデン氏も買収受け入れの方向感を出しやすい。本音ではそれを望んでいるとも見られている。

日本製鉄は「USスチールが米国の象徴的な企業としてあり続けるために、我々は最適なパートナーであると確信している」との声明を発表している。声明の中で、買収後に一時解雇（レイオフ）や工場閉鎖をしないと明言した。日本製鉄は買収発表時、時価より40％高い価格で買い取ることを決め、第4位株主の米運用会社ペントウォーター・キャピタル・マネジメントは、すぐに買収提案を支持すると表明した。ＵＳスチールの経営陣も賛成している。

一方、米鉄鋼大手クリーブランド・クリフスは反対の声を上げた。ウォール・ストリート・ジャーナルは「クリフス首脳が米議会や労働組合に働きかけ、日本製鉄による買収を阻止しようとしている」と報じた。クリフスもＵＳスチール買収に名乗りを上げ、日本製鉄に競り負けている。自社の買収計画を復活させる狙いがある。クリフスが買収する場合、価格は日本製鉄より安くなるとみられている。ペントウォーター・キャピタル・マネジメントは「そうなれば、クリフス買収に反対票を投じる」としている。

ＵＳスチール本社がある米ペンシルベニア州は、米大統領選挙の激戦州の1つで、バイデン氏の微妙な声明は、大統領選を念頭に労組に寄り添う姿勢を示したものだ。これより前、24年1月にトランプ前米大統領は買収を阻止する意向を表明した。逆風があるものの、日本製鉄はＵＳＷとの対話を重ね、理解を得ることで、政治問題化を抑える意向だ。

キーマンは橋本英二会長

M&Aに精通する青木健太郎氏（エピキュール・グループ社長）の指摘する成功するM&Aの要素の1つ、「買収を決断したトップが、その後も案件に責任を持つ」という点で、日本製鉄のUSスチール買収のキーマンは橋本英二会長になる。橋本氏は24年4月1日に社長から会長になったものの、最高経営責任者（CEO）は継続している。ある日本製鉄OBは「これまで日本製鉄の社長は任期5年という不文律があった。橋本さんは、大事業をなし遂げるには7年が必要という立場。今井正社長の任期は7年になり、橋本氏も7年間、会長として自ら決めたUSスチール買収を完遂するはず」と語る。

橋本氏は社長時代、辣腕経営者として知られた。2019年に社長になると、社名を新日鉄住金から日本製鉄に変更、19年12月には欧州の鉄鋼大手、アルセロールミタルと共同で、インドのエッサールスチールを買収した。21年にはトヨタ自動車に鋼材価格の大幅値上げを認めさせた。これが代表的な鋼材である熱延鋼板の国内卸値は22年、1トン13万2500円と74%上昇した。これがきっかけとなり、様々なメーカーの価格転嫁が円滑に進むようになった。

一方、和歌山市や呉市などの高炉3基を閉鎖する決断もしている。22年にタイの電炉大手を買収、鋼材の値上げ、高炉閉鎖などを推進し、23年3月期に過去最高益を達成している。在庫評価益などを除いた実力ベースの連結事業利益は、24年3月期に8900億円と、橋本社長就任前の3倍近くになった。実績のある強いトップが最後まで買収の責任者として機能すれば、USスチール買収は、大統領選挙の帰趨が決するころに完了すると期待の声は根強い。

後を継いだ今井正社長は技術畑出身で、今後の鉄鋼会社にとって大きな課題である水素還元製鉄をはじめとする脱炭素関連の事業を推進する。日本製鉄は水素還元製鉄をUSスチールと共同で進める考えで、USスチールにとってもメリットがあるはずだ。

日本製鉄の株価は23年12月18日の買収発表後も堅調で、日経平均株価が初めて4万円に乗せた24年3月4日、14年ぶりの高値を付けた。株式市場は買収の成功とその後の成長戦略を期待している。

国内M&Aも大型化

日本企業によるM&Aは、国内でも活発になってきた。24年2月、KDDI、三菱商事、ローソンは合同で記者会見を開き、ローソン株を三菱商事とKDDIが50%ずつ保有する共同経営体制へ移行することを明らかにした。ローソンは三菱商事が50・1%の株式を保有、2・1%の株主だったKDDIが約5000億円を投じ、3月28日からローソン株の株式公開買い付け（TOB）を開始した。三菱商事はTOBには応じず、ローソンは三菱商事とKDDIの持ち分法適用会社になった。KDDIにとって2013年に子会社化したJCOMの買収額3600億円を上回り、同社として過去最大のM&Aになった。

筆者は23年末、KDDIの高橋誠社長に日経朝刊に掲載された記事でインタビューをした。その時、高橋社長は「もはやスマートフォンの契約台数や料金の安さを競う時代ではない。何をつなげ、どう付加価値を付けるか、その提案力を競う時代だ」と指摘していた。高橋社長はインタビューで「つなぐ力」を強調していた。KDDIは「命をつなぐ、暮らしをつなぐ、心をつなぐ」を2030年に向けた中期経営計画の柱として打ち出している。ローソンを事実上、傘下に収めるM&Aは、まさに暮らしをつなぐ戦略であり、災害時のインフラ拠点としてのコンビニの役割を考えると、命や心をつなぐ役割も果たせる。中期の経営目標に沿ったM&Aだったと言える。

KDDIは利益剰余金が5兆4000億円あり、潤沢な手元資金を活用した日本企業のM&A時代の幕開けを予感させる案件だ。

生命保険会社も動く

第一生命ホールディングスは24年2月、福利厚生代行サービスを手掛けるベネフィットワンを約3000億円で買収すると発表した。ベネワンの親会社であるパソナグループと合意した。

このM&Aは2つのポイントで注目された。1つ目のポイントは後出しジャンケンのような買収だったこと。ベネワンの買収は、医療情報サイト運営のエムスリーが先に手を挙げ、パソナと交渉に入っていた。後から参戦した第一生命HDがより好条件を提示し、逆転で買収に成功した。これまで日本企業の国内M&Aは友好的な買収がほとんどで、ベネワン買収劇は、日本企業のM&Aも経済合理性を重視する時代の到来を示した。逆転の決め手は買収価格だった。エムスリーが提示した買収価格は1株1600円。パソナはいったん契約を結んだ。これに対し、第一生命HDは2133円を提示し、競争を制した。

注目されたもう1つのポイントは、生命保険会社という、これまで日本経済の中心にいた業界が「もう保険業だけでは生き残れない」と、異業種に進出することだ。ベネワンは企業の福利厚生を代行しており、約950万人の会員がいる。第一生命HDは福利厚生代行という非保険事業を拡大し、ベネワン会員の家族構成や年齢層に合わせた保険の提案につなげる。

第一生命ＨＤは海外でも積極的に動いている。24年４月に米国の傘下企業であるプロテクティブを通じて、団体保障事業を展開するシェルターポイントを買収すると発表した。買収額は約１０００億円とみられる。

国内市場でのかつてのような成長が見込めず、生命保険会社は非保険事業の強化を急いでいる。最大手の日本生命保険は23年11月、介護最大手のニチイ学館を傘下に持つニチイＨＤを２１００億円で買収、介護事業に参入した。日本生命とニチイは１９９９年から子育てや介護などライフケアの分野で業務提携をしていた。日本生命の保険契約者なら、認知症や介護に関する相談をニチイにできるサービスも手掛けている。日本生命は、介護やヘルスケアなどの領域を保険の周辺事業と位置づけ、非保険分野でも新規参入がしやすいと考えている。この発想は妥当と言える。

日本生命は24年5月、米国の生命保険会社コアブリッジ・ファイナンシャルに６０００億円の出資を決めた。発行済み株式の20％を取得し、持ち分法適用会社とする。伸びしろのある米国市場で新たな収益基盤を構築する。

人口減少や少子高齢化で、生命保険業界の経営環境は大きく変わっている。主な収益源だった営業職員による保険販売は、コロナ禍が明けても伸びない。日本生命の場合、23年度上半期（４－９月）の販売実績は、前年同期比で10％ほど落ち込んでいる。収益力底上げの１つのカギを、日本生命はM&Aに見いだそうとしている。ニチイの顧客基盤と保険事業の相乗効果を狙う。生保会社のM&Aはこれまで、海外の同業や資産運用会社が大半だった。業界トップ2社が異業種の買収に動いたことで、時代の変化を感じる。

23年9月、ニデックは事前の同意がないまま、工作機械のTAKISAWAに買収を提案、実現した。ニデックが提示した買収価格は1株あたり2600円で、直近1カ月の株価の2倍の水準だった。通常は買収にあたってのTOB価格は、直近1カ月の平均株価に3割程度、上乗せすることが多い。ニデックの同意なき買収が成功したことで、これから日本で同様の事例が増える可能性が高い。

MBO（経営陣が参加する買収）を進める業務用プリンター大手、ローランドディー.ジー.に対し、24年3月末、ブラザー工業が買収に名乗りを上げ、対抗TOBを予告した。ローランドの事前合意を得ないTOBだ。ローランドは米投資ファンド、タイヨウ・パシフィック・パートナーズのTOBによるMBOを計画していた。タイヨウの提示した買い取り価格は1株当たり5035円、これに対しブラザーは5200円を予告し、買収合戦に発展した。ローランド側がMBOの買い付け価格を5370円に引き上げると発表し、全面対決の構図となった。その後、ブラザーは買収を断念したものの、日本のM&A市場に一石を投じた。

みずほ証券は上場企業による同意なき買収の助言業務を始めた。24年3月、物流大手AZ－

COM丸和ホールディングスによるC&Fロジホールディングス買収を支援した。株主の利益につながるM&Aは妥当だとの立場だ。丸和は22年10月、C&Fへ経営統合を提案したが断られていた。丸和は「両社の株主や顧客、従業員およびその他ステークホルダーに大きな利益をもたらす」として、C&Fの同意がないままTOB計画を公表した。24年5月には、佐川急便を持つSGホールディングスがC&Fの買収に名乗りを挙げた。

同意なき買収で助言役を務め、敵対的TOBに発展すれば、その証券会社や銀行は、買収対象企業から取引打ち切りを宣告される可能性もある。和を重んじる日本企業の間ではタブー視する風潮があった。日本企業のM&Aが、経営不安企業の救済ではなく、自らの企業価値を高めるための戦略と位置づけられる時代になった。大きな変化だ。この流れが浸透すれば、海外投資家による日本株への評価が一段と高まるだろう。

ドラッグストア業界でも激震

訪日観光客の買い物需要などで業績が拡大するドラッグストア業界でも、経営統合が進んでいる。業界首位のウエルシアホールディングスと2位のツルハホールディングスが、経営統合に向けて動き出したことが24年2月、明らかになった。

ウエルシアの親会社にあたるイオンがツルハ株の1割強を保有する香港の投資ファンド、オアシス・マネジメントから株式を取得する。ウエルシアの売上高は1兆1442億円（2023年2月期）。ツルハは9700億円（23年5月期）で、合算すると2兆1142億円となる。国内ドラッグストア市場全体で8兆3449億円なので、約4分の1を占める巨大勢力が誕生する。国内店舗数も5000を超える。

ドラッグストア業界では、市場シェア拡大を目指して再編が加速している。21年に大手2社が統合してマツキヨココカラ&カンパニーが誕生した。こうした動きは他の業界にも影響を与えそうで、様々な業種で今後、一段の再編が進むだろう。

第6章

日本株　黄金の時代が始まる

日経平均7万8000円も理論上はありうる

ＰＥＲ17倍台が実現した

34年ぶりの高値更新となり、24年3月に4万円の大台を超えた日経平均株価。この先、上昇基調は続くのだろうか。第1章でも指摘したように、筆者は日経平均4万円という水準がゴールだとは思っていない。10年、20年、30年と時間をかけて、緩やかな上昇を続けていくと期待している。

第1章で分析したように、日経平均を1つの会社と見立てた場合、初めて4万円に乗せた24年3月4日の1株あたり利益は２３８７円45銭、株価収益率（ＰＥＲ）は16・80倍で、この２つの掛け算で日経平均は4万１０９円23銭となった。24年2月、大和証券グループ本社の中田誠司会長（出演時は社長）に日経ＣＮＢＣの番組にご出演いただき、筆者が聞き手となって、大和証券グループの経営展望や株式相場の先行きをお聞きした。中田氏はＰＥＲがじりじり切り上がっており、24年中に17・7倍台まで上昇すると予想、24年中の日経平均の高値として4万３０００円台は見込めると語った。24年3月29日、年度末の日経平均は4万３６９円、ＰＥＲは中田氏の見立て通り、17・07倍まで上昇していた。

25年3月期も4期連続の最高益となり、10％程度の増益となった場合、ＰＥＲ17倍で日経平均は理論上、4万4600円台までの上げが期待できる。これまで投資家は株価収益率PERや株価純資産倍率PBRに注目することが多かった。24年3月、日銀が17年ぶりの利上げに踏み切り、日本も金利のある国に戻る日は近い。そうなると、これまでほとんど注目されなかった、ある投資指標に関心が向かうかもしれない。

株式益回りという投資指標

金利が戻ってくることで、デフレの時代に注目されなかった投資指標に光が当たる可能性が出てきた。それが株式益回りという指標だ。24年3月の年度末ベースで、東証プライム市場全銘柄の株式益回りは5・86%だ。2月から3月の上昇局面では、6%程度で推移していた。

株式益回りとは、1株あたり利益を株価で割ったもので、株価の割安性を表す指標だ。PERの逆数となり、PERが低いほど株価が割安とされるのに対し、株式益回りは高いほど、株価が割安と判断される。例えば、PERが20倍なら株式益回りは5%、PER50倍なら株式益回りは2%となる。株式益回りは金利水準と比較する局面で使われることが多かった。長くマイナス金利の時代が続いた日本では、国債の利回りが0%台で、株式益回りは投資指標として役に立たなかった。

期待される投資リターンである株式益回りが6％の日本株に対し、日本の国債利回りは1％に満たない。日本株の益回りが6％という高い水準で放置されているのは、ここまで買われず、割安感が強いままでいることを意味する。債券は買われ、価格が上昇すれば利回りが低下する。1％に届かない国債利回りは、日本の国債が買われすぎていることを示している。今後、買われ過ぎた債券から、割安感のある株式へと、資金移動が起きれば、債券の利回りは上昇し、株式益回りは低下する。日経平均が4万円を超えても、債券投資との比較でみれば、まだ割安なのだと、株式益回りは示している。

米国の株式益回りと国債利回りの推移をみると、2つの乖離幅（イールドスプレッド）は、株式相場の先行きが暗くなり、リスクを回避する投資家が増えると、上昇している。逆に市場心理が明るくなり、リスクを取れるようになると、乖離幅は縮小する。米国ではリーマン・ショック直後にイールドスプレッドが拡大したが、今は解消し、株式益回りと長期国債利回りはほぼ均衡した水準にある。

日本はバブルの時代、リスクを取る姿勢が強まり、株式益回りは恒常的に国債利回りを下回っていた。2000年以降はリスク回避が鮮明になり、大恐慌直後の米国のように、株式益回りが国債利回りを極端に上回る状態になった。今後、相場環境が一段と改善し、米国のように株式益回りと長期国債利回りが均衡するようになれば、5年後か10年後かわからないが、長期金利3％、株式益回り3％、ＰＥＲ33倍となってもおかしくない。

２０１３年のアベノミクス相場以来、日経平均のＰＥＲは概ね15倍前後で推移してきた。株式益回りは６・７％前後だった。歴史を振り返ってみると、金利が機能していた時代、日米とも株式益回りの妥当な水準は、長期国債の利回りと同水準であることが多かった。デフレ時代の日本のように長期金利がゼロ近辺にあると、この投資尺度は機能しない。

24年3月、日銀がマイナス金利政策を撤廃し、早ければ24年中に０・25％程度の追加利上げがあるかもしれない状況になった。長期金利はいずれ１％台に乗るだろう。この先５年後、10年後に長期金利が３％あたりまで上昇しても、まったく不思議ではない。バブル期の１９８９年、長期金利は５％台だった。もし５－10年後に長期金利が３％、株式益回りも３％にサヤ寄せしたら、その時日経平均はどうなるか。今と同じ利益水準だとしても、株式益回りが５・86％から３％になる前提で、日経平均は今の１・95倍、７万８０００円という、とんでもない水準まで上がる計算になる。

もちろん長期金利が３％まで上昇するのは、実現したとしてもかなり先だろうし、企業の利益水準も変動する。あくまで１つの可能性に過ぎない。それでも24年１月初めの時点で、２カ月後に日経平均が４万円になっているなどと、誰も想像できなかった。５年後なのか10年後なのか、日経平均７万８０００円と言われると、途方もない水準に聞こえるが、34年ぶり高値を付けた日本株市場は、これまでの常識や物差し、思い込みを排除しないと、その隠れた実像が見えてこない。日経平均8万円時代は、絵に描いた餅とは言い切れない。

期待する業種① 自動車

さて日経平均4万円はまだ通過点と考えるうえで、この先5年後、10年後も期待できる業種はなんだろうか。この章でいくつか取り上げてみたい。

まず筆者が注目するのは、日本が世界に誇る製造業、自動車だ。24年3月、大きなニュースが出た。日産自動車とホンダが、電気自動車（EV）分野で提携すると発表した。国内2位と3位の企業の提携だ。部品メーカーも含めて、日本の自動車産業の転換を促すきっかけになると注目された。

業務提携で記者会見する内田、三部両社長（日刊工業新聞／共同通信イメージズ）

提携の柱は、イーアクスルと呼ばれる駆動装置の部品の共通化だ。イーアクスルはＥＶの基幹装置で、ガソリン車のエンジンに相当する。その性能がＥＶの競争力を左右するので、極めて重要だ。その部品の共通化、調達で連携するほか、車載ソフトでの協業も進める。車に搭載するコンピューターを制御する基本ソフト（ＯＳ）は進化が激しい。米国のＥＶ大手テスラは、ユーザーが無線通信で基本ソフトを更新し、クルマの機能を改善する仕組みを導入している。激化するソフト開発競争に対応する。

日本はＥＶで中国や欧米に出遅れた。記者会見で日産の内田誠社長兼最高経営責任者（ＣＥＯ）は、「ＥＶは変化のスピードが激しい。これまでの常識に縛られていては太刀打ちできない」と語り、ホンダの三部敏宏社長も「ＥＶでは規模拡大が欠かせない。これまでの体制では戦えない」と提携の狙いを説明した。ホンダは24年5月、２０３０年までにＥＶやソフトウエア向けに10兆円を投資すると発表した。

株式市場も注目する日産・ホンダの提携

株式市場が注目したのは、日本の自動車業界の構造変化の中で唯一、帰趨がはっきりしなかったホンダの行方だ。これまで日本の自動車業界はトヨタ自動車を中核とするグループと日産、三

【図表6-1】国内自動車業界の勢力図

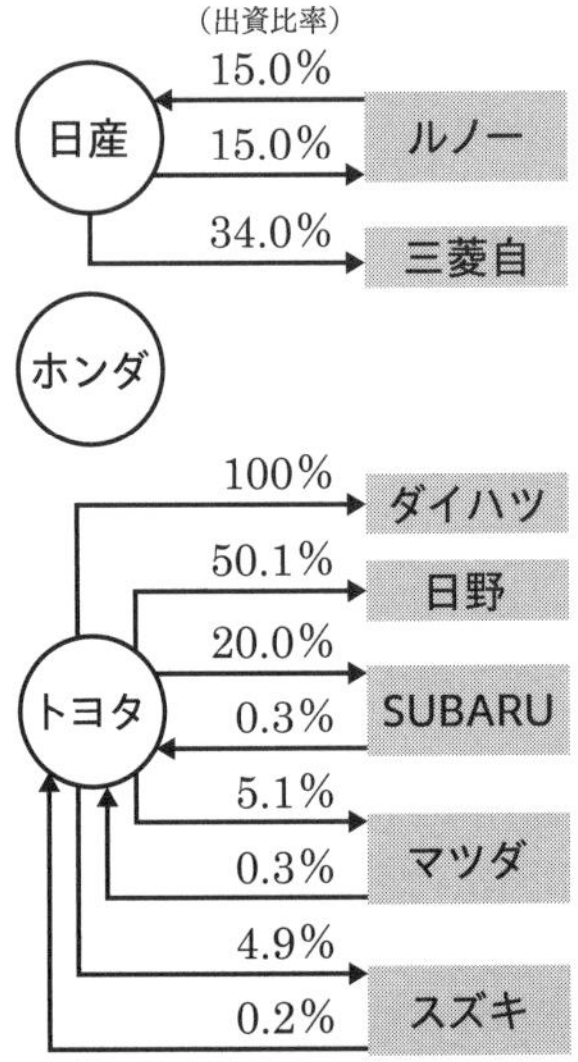

出所：『日経業界地図 2024年版』より作成

菱自動車連合のグループに分かれている。トヨタはＳＵＢＡＲＵ、マツダ、スズキ、ダイハツ、日野自動車に出資し、資本提携している。ダイハツは１００％、日野自動車も50％を超える出資比率だ。日産は三菱自に出資しており、ルノーとも資本関係にある。ホンダだけがどちらの陣営にも属していないので、今回の日産とホンダの業務提携がこの先どこまで進むのか、注目される。

日産とホンダがＥＶでの巻き返しを狙うのは、世界との差が開いてしまったからだ。２０２３年のＥＶ生産台数をみると、日産は14万台、ホンダは１万９０００台だ。ハイブリッドカーに注力するトヨタも10万４０００台だ。一方でテスラは１８０万台、中国最大手の比亜迪（ＢＹＤ）は１５７万台で、桁違いの大きな差がついている。中国の自動車輸出は23年、日本を抜いて世界でトップになった。一方で、日産とホンダは主力市場である中国での生産能力を最大３割程度削減する計画を進めている。成長戦略の基軸が見直しを迫られている。

日産は2010年、世界初となる量産EVリーフを投入、電動化で先行したが、中国勢に追いつかれ、追い抜かれた。ホンダは米国のゼネラル・モーターズとEVを共同開発、27年に発売する予定だったが、計画は中止となった。EV向けの大型投資が必要となり、部品の調達コストも上昇する。そんな中、中国勢の攻勢によってEV価格は想定を超えるスピードで下落し始めた。規模のメリットを追求しないと勝てない時代になり、「すべて個社でやることが難しくなっている」（内田社長）。

日産はカルロス・ゴーン元会長が進めた拡大戦略でつまずき、業績が悪化した。24年3月期の純利益は67％増の3700億円となったが、トヨタの1割、ホンダの4割の水準にとどまる。稼ぐ力も見劣りし、売上高営業利率は5％台と、日本車メーカー7社の中で最も低い。23年11月に筆頭株主ルノーとの資本関係見直しが完了した。ルノーが日産への出資比率を15％に引き下げ、相互に15％ずつを出資する形になった。出直し、巻き返しのスタート台に立った日産は、ホンダとの提携に活路を見いだす。

トヨタはハイブリッドで快走

トヨタ自動車の快走が続いている。24年3月期の売上高は45兆953億円、営業利益は96％増の5兆3529億円と、過去最高を更新し、日本企業で初めて5兆円を超えた。好業績をけん引するのがハイブリッド車（ＨＥＶ）だ。トヨタの新車販売の3台に1台がＨＥＶとなっている。トヨタの世界におけるＨＥＶ販売シェアは、2022年に27％だったが、23年は33％に上昇した。販売台数も伸びており、23年は350万台と100万台増えた。背景にあるのが、過度なＥＶ偏重ブームの見直しとＨＥＶへの再評価だ。世界の全地域でＨＥＶの販売が増えている。テスラの本拠地、米国はもちろん、ＥＶシフトを声高に叫んできた欧州や中国でもＨＥＶの販売比率が上がっている。これまでトヨタは、「ＨＥＶにこだわってＥＶシフトに乗り遅れた」「日本だけのガラパゴス現象」などと揶揄されることもあった。23年のＨＥＶの快進撃は、こうした批判の声を打ち消し、カーボンニュートラル（温暖化ガスの排出量実質ゼロ）時代のクルマの現実解がＨＥＶであることを示したとも言える。

24年に入り、トヨタへの追い風が強まっている。3月20日、米国の環境保護局（ＥＰＡ）が27年から32年の排出ガス規制の最終案を発表し、29年にかけてのCO_2削減ペースを緩めた。自動車メーカー各社にＥＶだけでなく、プラグインハイブリッド車（ＰＨＶ）とＨＥＶの導入を後押しした。ＥＰＡは当初、32年時点の新車販売の67％をＥＶとする計画だったが、これを最大56％に下方修正し、ＰＨＶを13％、ＨＥＶを3％とする案を提示した。さらにＥＶを35％、ＰＨＶを36％、ＨＥＶを13％とする案も別途示し、ＥＶ偏重の流れが変わってきた。

規制見直しも追い風に

米国でＥＶへの悲観論が台頭している。２０３２年以降、新車販売に占めるＥＶ比率は最も低い場合、35％と現状から半減する。米国のＥＶ政策の見直しの背景には、11月の大統領選がある。バイデン政権はこれまで、ＥＶを気候変動対策の柱としていたが、米国の自動車大手はＥＶの販売拡大に苦戦している。充電インフラの整備も進まず、生産投資の負担も重い。そんな中でＥＶ市場減速に直面し、規制の緩和を訴えていた。

22年まで米国のＥＶ販売台数は前年比で70％以上伸びていたが、23年７－９月期は49％増、10－12期は40％増と減速している。対照的にＨＥＶは同期間、80％増、68％増と伸びている。テスラのイーロン・マスク最高経営責任者（ＣＥＯ）は1月の決算説明会で、「我々は成長の波のはざまにいる」との認識を示した。同社の販売でも鈍化は明らかで、23年４－６月期こそ83％増となったが、７－９月期は26％増、10－12月期は20％増と、勢いが落ちている。

ガソリン車に比べて価格の高いＥＶは、新しいもの好きの米国富裕層に受け入れられたが、車を日々の移動の足として使う大衆には、航続距離への不安や充電インフラの不足といった課題が壁となっている。ＨＥＶはＥＶより低コストである上に、充電の手間もない。ＥＶに過剰にシフトするのではなく、HEVを中心とした全方位戦略を取ってきたトヨタの思惑通りになっている。23年前半から6月までトヨタの株価は1800－1900円台で上値が重く、なかなか2000円台に届かなかった。PBRも1倍割れの時期が続いた。それが24年3月末には上場来の高値の3891円となり、PBRも1・56倍まで上昇した。HEVの快進撃が株価をけん引した。為替の円安効果もあった。この流れは当面、継続するとみていいだろう。トヨタは25年3月期にEVや人工知能（AI）への投資を1兆7000億円と、前期から4割増やす。EVへの目配りも継続する。

期待する業種②　半導体関連企業

日本の半導体関連企業、特に後工程を担う企業が有望であることは、第4章で述べた。半導体の次元が上がり、より先端性が上がっても、後工程の重要さは変わらない。日本の半導体関連企業の先行きは明るい。

米国市場でもてはやされるマグニフィセント・セブン。GAFAMと呼ばれる主要5銘柄、グーグル、アップル、メタ・プラットフォームズ（旧フェイスブック）、アマゾン・ドット・コム、マイクロソフトに、テスラとエヌビディアを加えた米主要テクノロジー企業7社を指す。この中

【図表6–2】エヌビディアと日経平均は連動して上昇した

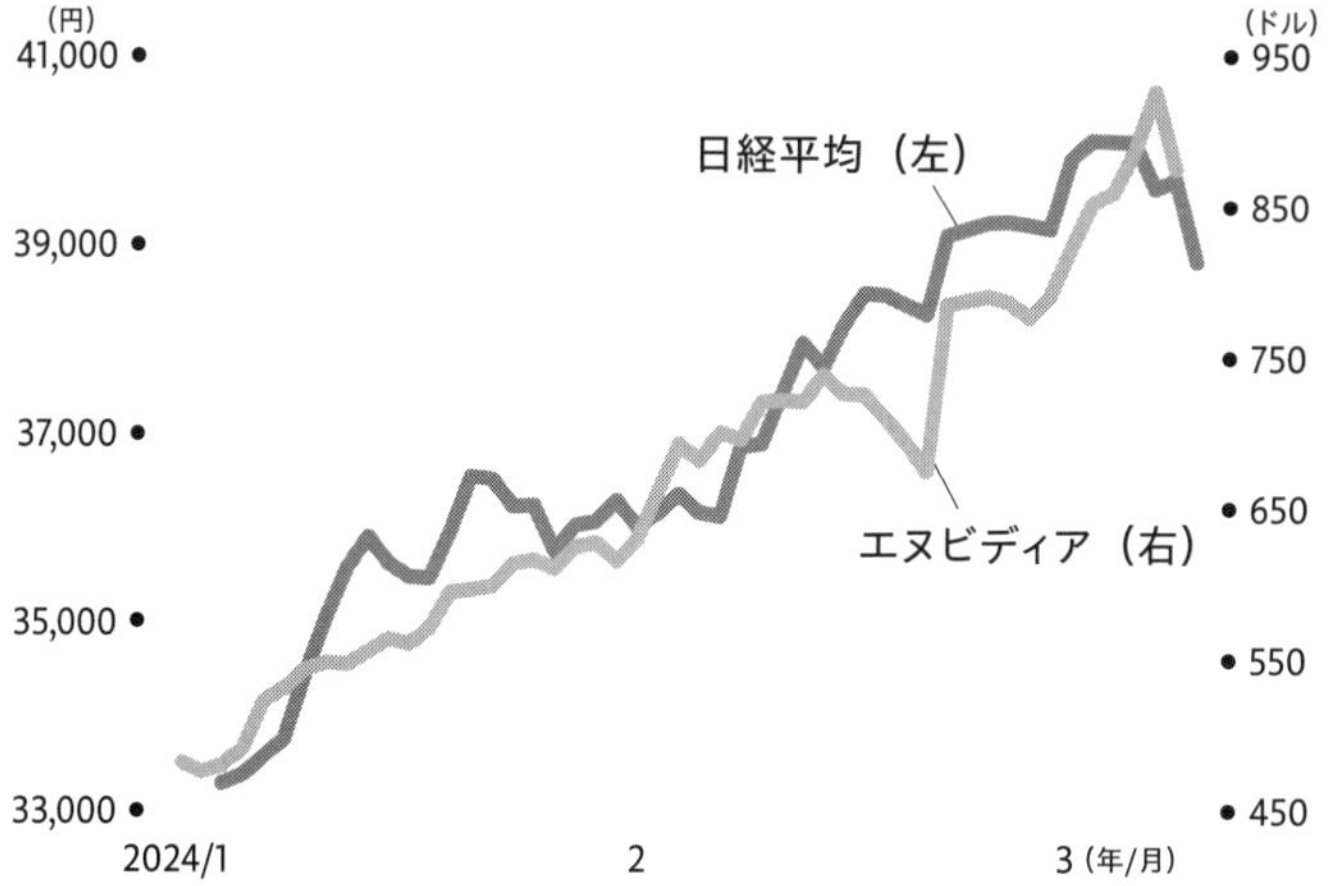

出所：日本経済新聞社

でも24年になって、一段と輝きを放っているのがエヌビディアだ。市場では「もはやマグニフィセント・ワンだ」との声も上がる。

実際、24年1月以降、エヌビディアと日経平均株価の値動きは、図表6－2のように完全に連動している。日本の半導体関連株の行方を左右するのは、エヌビディアと言っても過言ではない。

そんなエヌビディア、日本だけでなく世界が注目する。24年3月、同社がカリフォルニア州サンノゼで開いた開発者会議ＧＴＣ２０２４に、世界各国から約３００社が集結した。エヌビディアの提供する半導体やソフトウエアを活用した人工知能（ＡＩ）、ロボット、仮想現実（ＶＲ）の独自技術などへ関心が高まっている。

エヌビディアは23年の1年間で売上高が2倍、株価が3倍になった。急成長が続く同社を中心とするＩＴビジネス圏に、日本の半導体企業も組み込まれている現実が、投資家に安心感を与える。

同社のジェンスン・ファン最高経営責任者（ＣＥＯ）はＧＴＣ２０２４の記者会見で、「日本は自ら人工知能（ＡＩ）を構築すべきだ。日本はＡＩを積極活用することで生産性を高められる」と指摘。「日本語の学習データは特殊なので、独自にＡＩを開発し、外国企業に任せるべきではない」と、日本のＩＴ企業への期待感をにじませた。

ソフトバンクは生成ＡＩ（人工知能）の開発に必要な計算設備を整える。２０２５年までに１５００億円を投じ、高性能半導体を搭載したインフラを整備する。計算機能を国内トップ級に高め、世界の最先端モデルと同水準の生成ＡＩ開発に備える。

生成ＡＩが日本企業を進化させる

エヌビディアのファンＣＥＯが指摘するように、日本企業の間でも生成ＡＩへの取り組み強化が進んでいる。日本経済新聞社も生成ＡＩをテーマにしたシンポジウムをよく開催する。筆者も議論の進行役として駆り出されることがある。その中の１つ、23年5月に開かれた

「ＮＩＫＫＥＩ生成ＡＩシンポジウム」で、興味深い指摘を聞いた。筆者がコーディネーターを務めたパネルディスカッションでのことだ。

東京大学の柳川範之教授、日本総合研究所の翁百合理事長（政府税制調査会会長）、エクサウィザーズはたらくＡＩ＆ＤＸ研究所の石原直子所長がパネリストだった。議論の進む中、石原さんがこんな発言をされた。「貴方が今、目の前で取り組んでいることは仕事ですか、それとも作業ですか。もし作業だと思うなら、それは将来、ＡＩにとって代わられます」。とてもわかりやすく、インパクトのある発言だと印象に残った。

生成ＡＩが浸透すれば、ホワイトカラーの手掛ける事務の仕事の多くで、担い手が人間からＡＩに変わる可能性がある。経理、在庫管理、書類作成など効率化できる仕事は少なくない。米国の大手投資銀行、ゴールドマン・サックスは23年3月に発行したレポートの中で、米国の職業の3分の2がＡＩによる自動化に直面し、業務の25－50％がＡＩに代替される可能性があると指摘した。法務、金融、教育などで25％ほどの仕事がＡＩに奪われるという。

エクサウィザーズはたらくＡＩ＆ＤＸ研究所の石原所長は、先ほど触れた生成ＡＩセミナーの最後をこう締めくくった。「ＡＩに単純作業を代行してもらい、浮いた時間で人間にしかできない仕事をする。そんな社員が1人でも多くいる会社は生産性が上がり、業績も伸びるだろう」。経営者がお題目のように唱える生産性の向上は、生成ＡＩをいかに使いこなせるかにかかっている。

必要以上に恐れず、うまく活用することを考えるべきだろう。

日本企業の中で生成ＡＩの関連銘柄を挙げておく。大企業では、ＮＴＴ（独自開発した生成ＡＩの提供開始）、ＮＥＣ（自社開発の生成ＡＩを法人向けに提供）、ソフトバンク（生成ＡＩを独自開発、企業向けに提供）、富士通（スーパーコンピューター富岳を使い高度な生成ＡＩを開発）などが注目される。新興勢力では、さくらインターネット、シンプレクスＨＤ、デジタルガレージ、メタリアル、ピアズ、サイバーエージェントなどが生成ＡＩ関連株として、市場で話題となっている。

期待する業種③　観光立国ニッポンの担い手たち

2023年5月、新型コロナウイルスの感染症法上の位置づけが、季節性インフルエンザと同じ5類に移行し、日本でも様々な経済活動の正常化が進んだ。買い物、外食、スポーツ観戦、音楽ライブなどが戻ってきた中、最も大きな回復を見せた業種が、観光産業だった。インバウンドと呼ばれる海外からの訪日観光客の戻りが、23年秋ごろから顕著だ。

観光庁のデータによると、2023年の訪日観光客数は2506万人とコロナ禍前の2019年の約8割まで回復し、消費額では5兆2923億円と過去最高になった。大手旅行会社ＪＴＢは2024年の訪日観光客数が3310万人と、過去最高になるとみている。円安基調が続いて割安感があるうえ、治安の良さ、おもてなしの心などが高く評価されている。

24年3月の訪日客数は308万1600人となり、19年3月を11・6%上回った。統計をとり始めた1964年以降、300万人を突破したのは初めてで、単月で過去最高だった19年7月の299万1189人を超えた。24年4月も304万2900人と高水準が続く。消費額でも24年1－3月に1兆7505億円と、四半期ベースで過去最高となった。

これから5年後、10年後の日本経済を見据えて、成長が続く可能性が高いと断言できる数少ない業種が、観光ビジネスだろう。政府も観光立国日本を標榜し、政策面でも力を入れている。22年10月に入国に関する水際規制を大幅に緩和、23年3月に観光立国推進基本計画を閣議決定した。水際規制の緩和から1年後の23年10月、訪日観光客数は新型コロナ流行前の水準を初めて上回った。政府は2030年までの長期目標として、訪日観光客数6000万人、消費額15兆円を掲げている。その実現に向けて、フリーWi－Fiの整備、キャッシュレス決済の普及、多言語対応の強化などを進めている。三越伊勢丹ホールディングスは24年3月期に過去最高益となり、2030年から15年程度かけて、街づくりに向け、5000億円を投資する。

増えるコト消費、地方にも波及

コロナ禍前の訪日観光客は中国が多かった。23年秋以降、24年は欧州や中東、東南アジアからの訪日客が増えている。中国からの訪日客はドラッグストアや家電量販店などで大量の買い物をする傾向が強かった。最近増えているのは、日本で様々な体験をするコト消費だ。モノ消費だけでなく、コト消費も楽しむ。訪日観光客の志向が変わってきた。

米国の有力紙、ニューヨーク・タイムズが毎年初、今年行くべき世界の旅行先を発表している。24年に行くべき52カ所の中で、日本の山口市が3位に選ばれた。1位は24年に皆既日食が見られる北米、2位は夏の五輪が開催されるフランスのパリなので、山口市は純粋に観光地としての魅力を評価されたことになる。山口県の観光地と言えば、下関市や萩市が浮かぶが、山口市も西の京都と呼ばれ、瑠璃光寺など名所もある。ニューヨーク・タイムズの記事では、山口市は観光客が過剰に多くないコンパクトな都市と紹介され、7月に開催される山口祇園祭は600年の歴史があり、一見の価値ありとしている。筆者も大阪本社経済部に勤務していた時代、山口市を訪れたことがあるが、山口祇園祭は知らなかった。

日本人が知らないような日本の地方都市の情報をSNSなどで外国人が入手し、現地に足を運ぶ。ニューヨーク・タイムズの23年に行きたい世界の観光地ランキングでは、岩手県盛岡市が2位に入り、話題となった。この効果は絶大で、23年1－6月に盛岡市を訪れた外国人は11万3500人と、前年同期から10万9600人も増えた。コロナ禍前の19年との比較でも153％増と、海外から盛岡市を訪れる観光客が急増した。24年の山口市も同様に、海外からの観光客が大きく伸びるだろう。

訪日観光客の数と消費金額が伸びている理由の1つに、リピーターが増えていることがある。一度日本にやってくると、物価の安さ、街の美しさ、日本人の優しさに感動し、再訪を期する外国人は多い。2回、3回と訪れるうち、地方都市に出向き、自ら魅力を発掘したいと考える外国人が増える。彼らは名所旧跡よりも、普通の日本人の暮らしや文化を体験してみたいと考える。

訪日観光客に人気なのが、そば打ちや和菓子づくり、寿司にぎりなど日本の食を自ら体験することだ。食べるだけではなく、作ってみる。そんな体験型のツアーが人気だ。滝行や座禅、写経など日本人があまりやらない分野にも関心を持つ。こうした非日常体験が人気となる。牛丼チェーン店や回転寿司チェーンに行くことも、外国人には非日常体験になる。銭湯、カラオケなどの日本の文化、立ち食いそばやコンビニでの買い物も、外国人にとって日本に行かないと体験できないエンターテインメントになっている。

コト消費で恩恵を受ける業種は

24年2月までに発表があった23年4－12月期決算で過去最高益を更新し、それを受けて株価も上場来高値更新となった企業が多かった。インバウンド関連の銘柄はその1つで、電鉄、空運、レジャー関連などで明るいニュースが相次いだ。東急、ＡＮＡホールディングス、オリエンタルランドなどで最高益更新や上場来高値更新がみられた。

訪日外国人客の増加に加え、新型コロナの5類移行によって、日本人の旅行気運も高まった。日本の富裕層は23年後半から24年にかけて、海外旅行よりも国内でのゴージャスな旅行を志向した。円安や原油高により、海外旅行の費用が高くなっているためだ。その代わりに国内で高級旅館に泊まり、ゆったり過ごす旅が人気になった。

百貨店でも国内富裕層によるブランド品、腕時計、宝飾品などの購入が増えている。大幅な賃上げによって、中間層も百貨店の地下売り場で高額の食料品を購入するようになり、三越伊勢丹など百貨店の業績、株価も大きく伸びた。

代表的なインバウンド関連企業と言えば、ＪＲ東日本、東海、西日本や京成電鉄、東武鉄道などの電鉄、ＡＮＡホールディングスなど空運、オリエンタルランド、サンリオなどのレジャー施設、三越伊勢丹ホールディングス、パン・パシフィック・インターナショナルホールディングス（ドン・キホーテ運営）などの小売りなどだろう。ドラッグストアもにぎわっており、ウエルシアホールディングスは23年、免税店の数を1000店と2・5倍に増やした。

意外なインバウンド銘柄とは

大手百貨店で高額な宝飾品を購入する外国人富裕層は多いが、2度3度と訪れるリピーターの中には、リサイクルショップに足を運び、比較的きれいな中古のブランド品を購入する人もいる。コメ兵ホールディングスは渋谷店のインバウンド効果もあり、23年4－12月期の純利益が36％増になった。トレジャー・ファクトリーも同様に注目だ。

訪日観光客のお土産として最近、急激に伸びているのがお菓子だ。ドラッグストアやドン・キホーテなどで大量に購入する。台湾で人気の旅行情報サイト、ラーチーゴーの日本で買いたい食品・お菓子のランキングで、カルビーのじゃがポックルが2位になった。明治ホールディングスは23年12月、インバウンド需要を狙った新商品、アーモンドチョコレート抹茶を発売した。日本独自の和の素材を使用し、人気となっている。

もう1つ、意外なインバウンド銘柄が三菱鉛筆だ。滑らかな書き味で人気のボールペン、ジェットストリームが人気だ。訪日観光客が日本の文房具に関心を持つようになっている。日本の文房具は高品質で、デザイン性や機能性にも優れると評価が高い。お菓子と同様、お土産として人気だ。

期待する業種④　17年ぶり利上げで動き出す金融株

24年3月に日銀が17年ぶりの利上げに動き、銀行や生命保険会社など金融機関の業績が今後、改善する期待が高まっている。そんな変化を先取りする動きが、株式市場であった。3月6日、三菱ＵＦＪフィナンシャル・グループ（ＭＵＦＧ）の株価純資産倍率（ＰＢＲ）が1倍を回復した。終値ベースで1倍に乗せるのは２０１3年5月以来だ。24年3月期の連結純利益は過去最高、25年3月期も最高益を更新する見込みで、金利上昇による業績拡大を株価は先取りしている。

ＭＵＦＧの亀澤宏規社長は「ＰＢＲ1倍はあくまで通過点」とみる。24年春に公表した中期経営計画で成長戦略を打ち出し、自己資本利益率（ＲＯＥ）を10％と、足元の7・5％から大きく改善する目標を掲げている。三菱ＵＦＪ銀行の総資産は３９7兆円と他のメガバンクに比べて１００兆円ほど多い。金利上昇局面で利益を挙げやすいとの見方がある。同業の三井住友フィナンシャルグループ、みずほフィナンシャルグループもMUFGに続いてPBR1倍回復を目論んでいる。

3メガを含む5大銀行グループは24年3月期に純利益が過去最高益となり、25年3月期も10％の増益を見込んでいる。

銀行株はデフレ経済下、上値が重い展開が続いた。金融危機の時代からその後も、銀行は資本の安定が最優先課題で、株主還元に動きにくかった。地方銀行は特に低金利時代に収益力が低迷し、PBRが0・5倍を下回る銀行も少なくない。PBRが1倍を超えるのは、住信SBIネット銀行など経営効率が高いネット銀行だけだった。メガバンクが株主還元に動き出したのは23年からだ。

MUFGは25年3月期の1株あたりの配当を9円増配の50円とした。22年3月期に3円増配して28円に、23年3月期に4円増の32円、24年3月期に9円増の41円としており、これで4期連続の増配だ。同社は配当性向40％を株主還元の指標の1つと位置づけ、取り組みを強化している。三井住友FGも270円から320円に、みずほFGも105円から115円に増配する。三菱UFJと三井住友は1000億円の自社株買いも実施する。

第一生命HDも増配、自社株買い

金利上昇で恩恵を受けるのは銀行だけではない。保険業界もそうだ。今後の業績拡大を見込んで、いち早く株主還元を加速させている。第一生命ホールディングスは24年3月末、発行済み株式の5・26％にあたる1000億円を上限とする自社株買いを発表した。同時に発表した新しい中期経営計画で、配当性向をこれまでの30％以上から40％以上に引き上げ、24年3月期の期末配当を1株あたり86円から106円に増額した。

第一生命HDは中期経営計画の中で、26年度の修正利益目標を4000億円と、23年度から48％引き上げた。海外事業の拡大のほか、買収したベネフィット・ワン効果もあり、30年度に6000億円の修正利益目標を打ち出した。持ち合いなどで保有する株式については今後、1兆2000億円を削減する。

損保は政策保有株をゼロに

24年3月に大きなニュースがあった。東京海上日動火災保険、損害保険ジャパン、三井住友海上火災保険、あいおいニッセイ同和損害保険の損害保険大手4社が、これまで保有している約6・5兆円の政策株を、数年かけてすべて売却することが明らかになった。金融庁からの売却要請に応えた形だ。顧客企業との関係強化のために保有していた政策株をゼロにする大きな変化は、これからの金融機関の経営が転機にあることを意味している。

政策保有株は顧客企業との取引を円滑に進めるために長期保有する株式で、値上がり益を狙った純投資と分けて開示する。金融機関を含む上場企業の株式持ち合い比率は、2023年度末に11・5%だ。ずいぶん減ってきたとは言え、まだ100兆円規模の政策保有株が存在する。企業統治や資本効率の観点から政策保有株は問題視されてきた。不祥事が発端となり、金融庁が損保に政策保有株の売却を促した。これをきっかけに、他の業界でも持ち合い株式の解消に弾みがつくだろう。すでにトヨタ自動車はグループ企業のデンソー、アイシン、豊田自動織機などの政策保有株の売却を始めた。

損保4社の政策保有株は延べで5900社にもなる。株価への影響を薄めるため、売却は時期を分散し、段階的に進める。ゼロになるまで数年かかる見通しだ。対象企業はトヨタ自動車など自動車大手、三菱商事など総合商社もある。23年3月末ベースで、政策保有株の含み益は4社合計で約4兆6000億円だ。売却後の資金活用法にも注目すべきだろう。

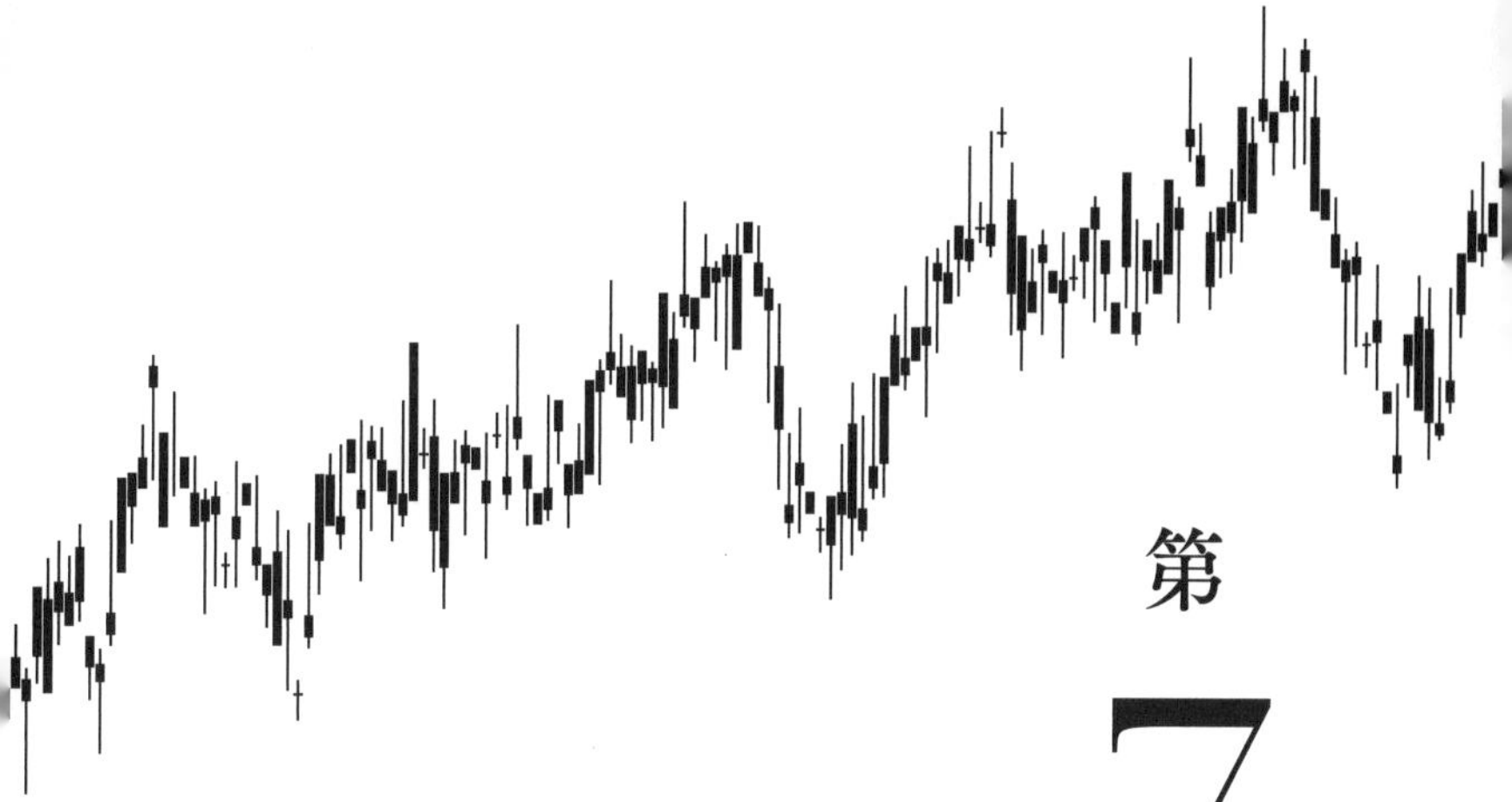

第7章

日本株相場の先行きに潜むリスク

日本株　黄金の時代が始まる

調整要因は海外発が多い

24年3月に初めて4万円の大台に乗せた日経平均株価。中長期でみれば上昇基調は続くとみるが、当然のことながら途中に調整局面を挟むことになる。2024年4月には、中東情勢の緊迫化などによって、日経平均は一時、3万7000円台まで下げる場面もあった。ここから先、どのような要因で踊り場を迎えるか。これまでの日本株相場を振り返ると、調整のきっかけは海外発の突発的な要因が多い。

古くは1987年10月のブラック・マンデー、2000年の米国発IT（情報技術）バブル崩壊、2001年の9・11同時テロ、2008年のリーマン・ショックなど、米国発のアクシデントが日本株の大幅下落の引き金になることが多かった。23年3月もそうだった。米国カリフォルニア州を拠点とし、スタートアップ企業向け融資で有名なシリコンバレーバンクが経営破綻した。日本の株式市場にも動揺が連鎖し、「リーマン・ショックの再来だ」などと不安の声も出た。日経平均は2万6000円台まで急落、振り返れば、24年3月に4万円まで上昇する過程で、あそこが最後の買い場だった。

「もしトラ」が本当になった場合のリスクは

24年後半に向けて、米国で最大のイベントは大統領選挙だろう。共和党候補のドナルド・トランプ前大統領が返り咲いた場合、米国はもちろん、日本も含めた世界経済はどんな影響を受けるのか。トランプ氏が再選を果たすと、その時は上下両院においても共和党が過半数を占める可能性が高い。そうなると選挙戦でトランプ氏が掲げる公約が実現する。

トランプ氏の公約のうち、大きなものは税金と移民に関するものだ。税金では関税の引き上げが注目されている。移民政策は労働力市場の逼迫《ひっぱく》、賃金上昇につながり、インフレの芽になりかねない。トランプ氏は前政権の時代、関税の仕組みを大きく変えた。今回も同じ流れをたどる可能性は高い。一方で所得税や法人税の負担は軽減された。今回の公約でも、同様の減税策が盛り込まれている。こちらは米国経済、米国株相場に好影響を与えそうだ。

1つずつ検証してみる。まず関税だ。トランプ氏は中国に対する輸入関税を、最大60%にすると公言している。中国以外の国に対しても、最大10%の追加関税を課す方針だ。現状では、米国の関税は平均3%程度なので、輸入物価の上昇につながる。2023年の米国の輸入総額は3・17兆ドルで、そのうち中国からの輸入は0・45兆ドルだ。

支持者に応えるトランプ前大統領
(ニューハンプシャー州、2024年1月、ロイター=共同)

この0・45兆ドルに対する関税が、現状の15%から60%まで上がると、最大で0・2兆ドル増になる。中国以外の国に対する関税が10%に上がる分も含めると、最大で輸入関税は0・5兆ドル程度の増税になる。これが輸入物価に反映されると、消費者物価指数などに跳ね返り、FRBの金融政策に影響が出る可能性もある。

一方、法人税、所得税の減税は経済にプラス効果となる。トランプ氏は前大統領時代、法人税の最高税率を35%から21%に下げた。今回の公約ではさらに15%に下げる方針だ。個人の所得税率も前政権時代、控除額を増やすなどの措置で下げた。減税措置は2025年に期限を迎えるため、今回はこの措置の恒久化を公約している。関税引き上げによる物価上昇と、減税による消費拡大が均衡する形になれば、マクロ経済への影響は、それほど懸念する必要はないかもしれない。

移民政策はトランプ氏の看板政策とも言える。公約では不法移民をキャンプに収容し、強制送還するとしている。法的裏付けとなりそうなのが、合衆国法典第42章と呼ばれるコロナ禍で出された移民規制を含めた法律だ。２０２０年３月、コロナ拡大防止のために発動された。その後、コロナが沈静化したとして23年５月に失効した。この法的措置によって、１１０万人の不法移民が強制送還された。トランプ氏はこの法案の再発動を考えている。移民の流入に規制がかかると、主にブルーカラーの労働現場で人手不足となり、賃金が上昇するきっかけになりかねない。

賃金の動向はＦＲＢが最も注目するデータの１つであり、消費者物価と並列して賃金も上昇し、インフレ懸念が再びくすぶるようなことがあれば、利下げのタイミングが一段と遠のく。株式市場にとって好ましくないシナリオだ。

トランプ氏はバイデン大統領に比べて環境対策に消極的だ。原油、石炭など化石燃料の産出、使用に拍車がかかる可能性は高い。エネルギー資源の価格がどうなるか、ここも注目ポイントになる。

ＦＲＢの苦悩

24年後半の米国経済を展望するにあたり、大統領選と並んで注目なのがＦＲＢの金融政策だ。米国株は24年３月あたりまで、ＦＲＢの年内利下げ開始を織り込む形で、過去最高値を更新してきた。ただこの間も、発表される経済データは強弱が入り乱れ、ＦＲＢが想定する景気の緩やかな減速と言い切れない状況が続いた。24年年初の時点では、ＦＲＢの利下げ回数は年６回との見方が大勢だった。それが３月には３回に下方修正された。その後４月になって、米供給管理協会（ＩＳＭ）がまとめる製造業景気指数が50・３と、拡大を示す50を１年半ぶりに上回るなど、強い経済指標が出たことで、「本当にＦＲＢは24年中に利下げできるのか」と懐疑的な声も出始めた。

米国経済を支える個人消費は、コロナ禍での支援金や失業手当などを使い果たせば沈静化すると言われていたが、なかなか落ち着かない。欲しいものがあれば、クレジットカードやカードローンで借金しても購入する米国人の消費気質は、相変わらずだ。米国では所得格差、資産格差が大きく、富裕層の消費意欲は根強い。株価の上昇による資産効果も、富裕層の高額消費の後押しとなる。

米国の景気先行きに関するリスクは２通りある。１つ目は景気がいつまでたっても減速せず、利下げどころか利上げが必要になるほど、強い事態になることだ。市場は利下げを先取りする形で、3指数とも過去最高値を更新してきたのに、逆に利上げ検討などとなれば、それは聞いてないよと、株価指数先物に売りを出すことになるだろう。

もう1つのリスクは、ある日突然、景気の急激な落ち込みを示すデータが発表され、以後も弱いデータが相次ぎ、FRBの利下げが間に合わない事態だ。決定会合の日程がうまく合わず、緊急会合の招集、緊急利下げなどということになれば、マーケットは動揺するだろう。どちらのシナリオもFRBにとっては避けたい。トランプ氏は自分が大統領になったら、パウエル議長を解任すると発言している。経済指標が大幅に悪化していなくても、不動産業を営むトランプ氏はFRBの新議長に利下げを催促することになるのだろう。

止まらぬ円安と日銀の利上げ

24年のゴールデンウィーク中、円相場が一時、1ドル160円台と34年ぶりの円安水準になった。それまでもじりじりと円安は進み、1ドル153円台に乗せたあたりから、政府・日銀による円買い介入があるのではと、市場は疑心暗鬼になっていた。大型連休中という市場参加者が少ないタイミングで投機筋が円売りを仕掛け、一気に節目の160円に乗せたため、さすがに当局も動いた。

円安は外需型企業の業績改善につながるため、株式相場にとってマイナス材料とは言い切れない。一方で輸入物価の上昇によって景気回復の足かせになるのも事実だ。日銀の植田総裁が指摘するように、急激な相場変動は認めないというのが当局のスタンスなのだろう。円買い介入のあった水準の1ドル160円より円高の水準、すなわち1ドル150円台ならば、当局は容認するとも見て取れる。この水準であれば、日本の外需企業にとってメリットがあると言える。

中長期でやっかいな中国リスク

米国の景気動向は短期的なリスク要因で、不透明とはいえ、リスクが顕在化すれば、その対策は見えている。一方で、中長期的なリスクは中国経済だ。2023年はコロナ禍から多少回復した在庫調整など、経済再開というプラス要因があったが、24年はこうした効果も一巡する。政府も景気のてこ入れ策を急ぎ、公的資金による買い支えもあって、上海や香港の株式相場はいったん底打ちした感がある。一方で、中長期的な視点でみると、地方政府が主導する形で拡大した不動産の不良債権問題は、いつ爆発するかわからない時限爆弾のようなものだ。懸念材料として中国経済に影を落とし続けている。

中国経済が長期的な減速局面を迎えていることは間違いない。国際通貨基金（IMF）は2024年から25年の中国の実質経済成長率が、4％を割り込む恐れがあるとの予測を出している。不動産市況の悪化が響き、23年の5・2％から後退する。長く不動産投資を経済成長のエンジンにしてきた中国にとって、大きな変わり目に差し掛かっている。IMFは24年2月時点では24年の中国の経済成長率を4・6％としているが、住宅価格の調整や不動産開発企業の再編淘汰が遅れれば、0・8％程度の下押し圧力になるとみている。

24年3月に中国国家統計局が発表した1－2月の新築住宅販売数は、前年同期を24・8％下回った。この期間は春節（旧正月）休暇があり、例年ならば住宅展示場を訪れ、物件を購入する人も多かった。24年の春節期間中の新築取引は、1年前より3割近く減った。景気の先行きへの懸念から、購入をためらう人が増えている。24年5月に明らかになった2023年12月期の中国上場企業5200社の純利益は、5年ぶりに3％減益となった。不動産会社の赤字が目立った。

中国経済の低迷は、労働人口の減少による生産性の低下も大きい。これは今に始まった問題ではなく、一人っ子政策が導入された時点から、いずれ顕在化するテーマだった。中国経済悪化の最大の要因が不動産不況であるのは間違いないが、少子化、労働力不足という構造的な要因も重なっていることが、深刻さを増している。中国の不動産不況は1990年代の日本と似た構図だが、当時の日本は今ほど少子高齢化による労働力不足は深刻でなかった。習近平国家主席は「日本の不動産バブル崩壊とその後の処理のもたつきを研究し、同じ轍《てつ》は踏まないよう準備している」と語るが、現状はそううまくいっているようには見えない。「頑張って働いても一生、家を買えない」という人民の怨嗟《えんさ》の声を受け、2020年から不動産会社への締め付けを強化し、それが不況を招いた構図は、1990年に日銀が不動産融資の総量規制などで締め付け、バブル崩壊につながった日本と同じ軌跡をたどっているようにみえる。

矢継ぎ早の対策は中国政府のあせりを映す

24年3月、日本の国会に相当する第14期全国人民代表大会（全人代）第2回会議が開かれた。24年の政府の経済成長率目標は23年と同じ5％とした。この5％という数字にマーケットは懐疑的だ。23年に5％を達成できたのは、22年までのゼロコロナ政策の反動が大きく、24年はこうした特需が見込めない。

政府は24年、新たに超長期特別国債の発行を決めた。発行額は1兆元でGDPの0・8％に相当する。景気を回復するため、大型の公共投資などの資金を確保する。電源開発や食料増産など国家プロジェクトや安全保障のための投資に充当する。超長期国債は今後も継続して発行する。

全人代で発表された政府活動報告で、中国は外資系企業を重視する姿勢を改めて表明した。国

米国の経済団体幹部と面会する習近平（新華社／共同通信イメージズ）

際収支統計によると、23年の中国への直接投資は81％減の330億ドルと30年ぶりの低水準、ピークとなった2021年の1割以下まで落ち込んだ。米国による経済制裁の強化、改正反スパイ法の施行による投資抑制が響いた。投資先としての中国の魅力が低下している。習近平氏は24年3月末、訪中した米国の経済団体の幹部たちと面会し、米企業による対中投資の拡大や中国の広域経済圏構想「一帯一路」への参加を呼びかけた。習氏は会談で「中国経済は健全で持続可能だ。発展の前途は明るく、我々には自信がある」と強調したが、市場関係者は低迷する景気を何とかてこ入れしたい、あせりの姿勢と受け止めた。

中国経済が悪化したもう1つの理由は、実質金利の高止まりだ。人民元は変動相場制に移行したことになっているが、実際は対ドルでの管理変動相場が続いている。中国は景気が急速に悪化しても、米国が高金利政策を続ける中で、大幅な金融緩和を進めることが難しい。中国人民銀行が24年2月に最優遇貸出金利（ＬＰＲ、ローンプライムレート）を０・25％引き下げ、３・95％にしたが、それまで下げ幅は０・１％刻みだった。

中国で稼ぐ日本企業にも影

中国経済の減速は、日本企業の業績にも影を落とし始めている。ファナック、ニデックなど中国で稼ぎ、高成長を続けてきた企業の業績が24年３月期、頭打ちになった。中国における設備投資、個人消費の低迷や価格競争による収益圧迫が原因だ。25年３月期は、ニデック、村田製作所は30％を超える大幅増益を見込むが、ローム、日東電工は減益が続く見通しだ。電気自動車（ＥＶ）向けを中心に中国ビジネスの逆風は続く。

村田製作所は中華圏の売上高が５割を占める。スマートフォンやパソコン向けの部品が落ち込み、中華圏の売上高が24年３月期に８％減った。村田恒夫会長は「中国のスマホ市場は今後、Ｖ字回復はない」と危機感を強めている。ＴＯＴＯは不動産不況でトイレなど住宅関連が振るわず、中国事業は５割以上の減益となった。不二家は23年12月期の純利益が７割減となった。キーエンスは欧米は堅調だが、中国でファクトリーオートメーション（ＦＡ）関連機器が落ち込んでいる。

ファナックも中国での新規受注が23年10－12月期に3割以上落ち込んだ。価格の値引き競争も激しくなっている。ニデック、三菱自動車は電気自動車（ＥＶ）やその部品事業で利益率が低下し、三菱自は中国生産から撤退した。

中国日本商会の23年12月の調査では、24年の中国景気について「悪化」「やや悪化」とみる企業が約4割と慎重だ。25年3月期も中国の景気回復の遅れが、中国ビジネスを重視する日本企業の業績にリスク要因となりそうだ。

スパイ摘発の懸念も

不動産不況、実質金利の高止まり、労働力不足などで、中国経済はデフレに突入しつつある。長期的な不動産の不良債権処理、短期的な経済再開の遅れが、需給ギャップのマイナス状態を継続させている。加えて影を落とすのが、スパイ摘発の強化だ。これが海外からの投資離れを招いている。中国政府は市場分析をする調査会社への締め付けを強めており、中国経済に関する調査が滞っている。その結果、国外企業は中国への投資判断がしづらくなっている。

スパイ摘発の強化も投資抑制につながる。これまでに少なくとも17人の日本人がスパイ行為の疑いで拘束され、うち12人が逮捕されている。23年3月にアステラス製薬の中国駐在社員が拘束され、日本企業の間で、中国でこのままビジネスを続けて大丈夫なのかと、警戒感が強まっている。

台湾有事への懸念はくすぶる

24年1月、世界的な選挙ラッシュの先陣を切って台湾総統選挙があり、対中国強硬派の与党民進党、頼清徳氏が当選した。立法委員（議員）選挙では、対中国融和派の国民党が第1党となった。中国は頼清徳氏を台湾独立派とみており、総統就任後も警戒心を強めている。頼氏は「台湾から危機をつくることはない。台湾は挑発も冒険もしないが、圧力にも決して屈しない」と語り、台湾独立論を封印してみせたものの、中国の武力による現状変更にも釘を刺した。

台湾有事の可能性は、現実にはそれほど高くないとみる。経済が低迷する中国にとって、武力による中台統一は膨大なコストとなる。西側諸国は中国に対する経済制裁をますます強化するだろう。大手シンクタンクの試算によれば、西側諸国が中国との貿易をすべて停止した場合、中国の実質GDPは14％減少する。中国経済にとって致命傷になりかねない。

日本政府も台湾有事を想定し、防衛予算の積み増しなどに動いているが、2030年あたりまでに、台湾有事が現実のものとなる可能性は低いのではないか。

中東情勢混迷し、原油価格上昇も懸念

日本株市場を取り巻く海外リスクで見逃せないのが、中東における地政学リスクだ。24年4月に一時、日米の株式相場が調整したのも、中東リスクがきっかけだった。イスラエルがシリアの首都ダマスカスにあるイラン大使館周辺を空爆し、イランが報復したため、原油価格が急騰した。ロンドン市場で北海ブレント原油先物が1バレル90ドルを超えた。ニューヨークのWTI（ウエスト・テキサス・インターミディエート）先物価格も一時、1バレル87ドル台まで上昇する場面があった。

原油高によって米国ではガソリン価格が上昇、これがインフレ懸念の再燃につながり、FRBによる利下げが遠のくと懸念された。ミネアポリス連銀のカシュカリ総裁は「3月時点で年内2回の利下げを予想していたが、インフレ鈍化が足踏みするようなら、なぜ利下げする必要があるのかという疑問が生じる」と指摘した。リッチモンド連銀のバーキン総裁も「誰もインフレ再燃を望んでおらず、FRBは利下げに時間をかけるのが賢明だ」と強調した。

トランプ氏は「私が大統領になったら、ウクライナ戦争も中東ガザでの戦争も、すぐに止めてみせる」と語っているが、中東リスク、ウクライナ情勢とも、なかなか出口が見えない。北朝鮮

は相変わらず、ミサイル発射などの挑発行為を繰り返している。一連の地政学リスクは、日本からはどうにもコントロールしようがない、やっかいなリスクだ。

日本国内にある政治という名のリスク

日本株相場のリスク要因は海外発が多いが、日本国内にリスクを探すと、政治が浮上する。岸田内閣の支持率は、24年に入ってからも危険水域と言われる30％を下回り、20％台で低迷が続く。内閣支持率と株式相場は関連がある。欧州の政府系ファンド、年金基金など足の長い資金は日本株投資をする際、ＩＭＦの経済見通しや内閣支持率に注目する。株価指数に連動して大きな資金を動かすため、個別企業のマクロ情報はそれほど重視しない。

内閣支持率が20％台で低迷している状況は、海外投資家には好ましくないのだが、幸か不幸か、彼らが日本株に再注目し、投資を再開した23年10月以降、すでに内閣支持率は落ちるところまで落ちており、低位安定といった状況になっている。

岸田首相は24年度予算の成立後に記者会見を開き、「25年以降も、物価上昇を上回る賃上げを必ず定着させる」と力強く断言した。予算成立を受けた記者会見は初めてで、岸田首相の危機感の裏返しとの声が上がった。

株式市場が注視するのは、岸田首相が24年9月の自民党総裁選で再選し、25年以降も政権を担い続けるかどうかだ。ここが不透明なうちは、政治の停滞感が株式市場に影を落とす。岸田首相は「デフレからの完全脱却へ向けて30年ぶりのチャンス。後戻りさせない。私の政権の存在意義はそこにある」と語る。大幅な賃上げ、34年ぶりに過去最高値を更新した日本株相場と、必ずしも岸田政権の成果とは言えないが、明るい材料は増えている。

24年4月まで、永田町は政治資金問題で一色だった。岸田首相はこの問題に早く決着をつけ、経済対策にギアチェンジしたい。4月28日投開票があった衆議院東京15区、島根1区、長崎3区の補欠選挙で、自民党は2つの不戦敗を含めすべての小選挙区で敗北した。6月衆院解散は難しいとの見方が広がったが、直後に発表された日本経済新聞の世論調査では、岸田内閣の支持率は26%と変わらなかった。6月に1人あたり計4万円の定額減税を実施、内閣府は減税効果も合わせて、実質所得が物価上昇を上回る状況が実現すると期待している。岸田首相は「リスキリングを通じた労働生産性の向上」「エネルギー構造の転換」といった政策に言及しており、政府の関係部署に25年以降の政策準備を促している。25年以降の経済運営についてあえて言及することで、岸田政権はまだまだ続くというメッセージを霞が関に送る狙いがあるのだろう。

衆院解散と総裁選の微妙な関係

24年は年初から、衆議院の解散総選挙がいつあるのか、常に話題となっていた。解散総選挙がいつなのかわからない中で、確実に日程がわかるのが自民党の総裁選挙だ。24年は台湾、ロシア、米国で国のトップを決める選挙があり、選挙イヤーと呼ばれたが、日本の総理大臣を決める選挙の年でもある。

永田町では、「岸田首相が総裁選での再選を狙って衆院を解散し、過半数を獲得して9月の総裁選での再選を狙う」との予測がずっと語られていた。明確な総裁後継候補がいない中、衆院で大幅に議席数を減らしても、公明党と合わせた与党で過半数を確保できれば、国民から信任を得たとして、自民党総裁選に出馬できるという流れを想定している。

株式市場にとって懸念されるシナリオは、9月総裁選の帰趨が見えない中で、岸田首相が破れかぶれ解散に打って出ることだ。よもや自民党政権が下野することはないと思うものの、万一に備えて、海外投資家は株価指数先物に大量の売りを入れるだろう。選挙が終われば買い戻す公算は大きいが、いったん大幅な調整は避けられない。

派閥パーティーでの政治資金問題で安倍派、二階派、岸田派は解散した。党内のパワーバランスが崩れ、麻生太郎氏、菅義偉氏がキングメーカーとして浮上した。次期総裁の候補として、麻生氏の意中の人が上川陽子外務大臣だという。菅氏の意中の人は元官房長官の加藤勝信氏だと言われている。岸田総裁では衆院選は戦えないという声が党内で高まれば、政局は流動化する。

上川氏は２０１８年の法務大臣時代、麻原彰晃こと松本智津夫元死刑囚らオウム真理教の元幹部13人に対する死刑を執行し、腹の据わった法相と話題になった。元信者らによる復讐の危険性があるため、警護警察官が常に護衛に付いている。上川氏の人気が高まり、日本初の女性首相誕生を期待する声もある。一方の加藤勝信氏は安定感があると定評だが、今の自民党の置かれた状況では、安定感よりも局面打開力が求められる。

華やかな総裁選になればムードも一変

もし岸田首相が自民党総裁再選の見通しが立たず、追い込まれると、破れかぶれ解散に打って出る可能性もある。岸田氏は「鈍感力」が強いと言われ、低い支持率が続いても、めげる様子がない。それどころか政治資金の問題で紛糾している中、率先して岸田派を解散したり、政治倫理審査会に真っ先に自ら出席したり、党内に「岸田を追い込むと何をしでかすかわからない」という空気感を生み出している。

ただ岸田氏が頑張っても総裁再選のめどが立たず、衆院の解散も断念した場合、9月の自民党総裁選はどうなるのか。永田町でささやかれるシナリオがある。上川氏が日本初の女性首相候補として名乗りを上げるなら、「ちょっと待って。日本初の女性首相は私よ」と声を上げる人が出てくるだろう。すでに総裁選に出馬した実績のある野田聖子氏、高市早苗氏も候補となる可能性は高い。みそぎは済んだのか、話題になる小渕優子氏も交えて、女性候補4人による自民党総裁選となれば、国民の注目はかなり高くなるだろうし、自民党のイメージは一気にアップする。自民党にとって、リスク転じて大チャンスとなる。株式市場にとっても理想的なシナリオとも言えるだろう。

第8章

これから注目のスタートアップ企業

ディスコがスタートアップ企業だった時代

2024年3月末、日経産業新聞が休刊となった。1973年にスタートした日経産業新聞はビジネスの最前線を追い、日本企業の光と影を紡いできた。同紙の目玉とも言えるテーマの1つが、革新的な事業を打ち出すスタートアップ企業のレポートだった。紙面に登場した新興企業の多くは、その後上場し、中には世界を舞台に存在感を発揮するまでになった企業もある。

例えば、半導体研磨装置のディスコは、日経産業新聞が1983年1月に手掛けた特集、「ニューベンチャー100社猛進」の中で、高い技術力を持つ新興企業として紹介されている。ディスコはもともと第一製砥所という砥石メーカーだった。これから有望な中小、中堅企業100社を取り上げた企画の中で、ディスコはその1社だった。刃物を研ぐ技術を生かし、半導体を磨く技術で世界トップのシェアを占めるまで成長した。1999年、当時の東証1部市場に上場、その後も成長は続き、株価は10倍になった。

筆者は株式上場前の若い経営者に取材する機会も多い。中にはすごい技術や発想力を持ち、豊かな将来性を感じさせる企業もある。米国に比べて新興企業が育たないと言われる日本だが、本章では筆者が実際に取材し、きらりと光る注目の日本のスタートアップ企業をいくつか紹介したい。

川田氏は三菱UFJ銀行を経て2021年9月に創業した

スマホに代わる決済手段が登場

筆者が取材をして、これはすごい技術だと感心した新興企業の1つが、EVERING（エブリング、東京・中央、川田健社長）だ。決済や本人確認などの手続きに必要なICチップを搭載した指輪を開発した。スマートフォンやクレジットカードを取り出さなくても、指輪をかざすだけで買い物の決済、電車の改札やオートロック解除などができる。

国際カードのVisa（ビザ）と連携し、タッチレス決済の端末に指輪をかざすだけで、買い物や飲食、タクシー乗車などができる。指輪がプリペイドカードの役割を果たす。ビザのほかにマスターやダイナース、JCBなどのクレジットカードから指輪に入金、チャージする。ビザのタッチレス端末は全国に200万台程度あり、エアペイ、楽天ペイなどの端末でも使える。指輪はジルコニアセラミック製で軽くて丈夫なうえ、防水加工もされている。

エブリングは25年に開かれる大阪・関西万博の協賛企業になっている。「25年には10万人が使用する見込み」と川田社長は語る。決済手段のほか、本人を認証するID確認機能も搭載できるため、自宅のオートロックや、企業の出退勤を管理するシステムにも使える。スマホや腕時計型の端末に比べて持ち運びが楽で、紛失のリスクも小さい。デジタル機器の専門家は「2050年までに現状のスマホは、すべて腕時計型や眼鏡のようなグラス型などに置き換わる」とみている。エブリングの指輪型も今後、有力な選択肢になり得るだろう。

ITと医療の融合で課題解決

不動産開発のHESTA大倉（東京・千代田、清瀧静男CEO）はIoTを活用した利便性の高い住居、スマートホームに、健康管理や自宅診療などの機能を付加した住宅に取り組んでいる。2024年から本格的に展開している。北海道の社会医療法人孝仁会（釧路市、斎藤孝次理事長）と実証実験をした。標準装備された独自の医療器具を通じて、日々の健康管理や医師による遠隔治療を可能にする。高齢化時代の安心安全な住まいの形として注目されている。

ＨＥＳＴＡ大倉はこれまで15万戸の住宅を開発、販売してきた。家電や家具などがＩｏＴでつながるスマートホームを拡充している。これから販売する住宅に独自開発した医療機器を標準装備し、体温や血圧、心拍数、呼吸数、睡眠時間などの基礎データを医療機関と共有する。異変があれば医師がすぐに把握し、早めの措置が可能になる。

敷布と布団の間に置くだけで睡眠時の心拍数や呼吸数、体温などの変化がわかるスリープトラッカー、鏡に映る顔色だけで健康状態を把握するスマートミラー、皮下脂肪と内臓脂肪、骨格筋量なども測れるスマート体重計をすでに実用化しており、24年から血中酸素なども測れる血圧計も導入する。孝仁会の斎藤礼衣副理事長は高齢者に多い心不全や脳卒中について、「睡眠時の脈拍の異常から早期発見が可能」と話す。何かあれば夜間でも、当直医がパソコン画面を通じて遠隔往診できる。

自宅で日々得られるデータを医療機関と共有し、定期的に確認することで、健康維持や早期の病気発見、治療開始につながる。データは離れて住む家族とも共有できるので、高齢化した親の見守りサービス機能も果たせる。日本の社会的な課題の1つ、高齢者が安心して暮らせる住まい、健康な高齢者を増やす住まいへの関心は高い。

「衣食住と言うが、これからは医食住の時代」と斎藤孝次理事長は言う。ＨＥＳＴＡ大倉の清瀧

CEOは「便利なだけでなく、安心な住まいこそ、これから求められる」とみており、すでに販売した住宅も機能を追加で装備できるようにした。和歌山県橋本市の大規模住宅群は医食住型のスマートホームが集まるスマートシティで、注目を集めている。

健康ビジネスに商機あり

従業員の健康維持が企業の生産性向上につながるとの指摘が増え、経営者の間で「健康経営」が強く意識される時代になった。スポーツジムでの運動奨励や健康サプリメントの摂取など、関連ビジネスが伸びている一方、入浴や睡眠など日常生活に商機を見いだす事業も注目されている。

株式会社ホットアルバム炭酸泉タブレット（東京・八王子市、小星重治社長）の主力商品は入浴剤だ。小星氏はコニカミノルタで長く研究開発職にあった。風変わりで長い社名には理由がある。コニカミノルタ時代に写真現像の薬剤をタブレット化する技術や、大量の水を使わない現像技術などを開発し、紫綬褒章を受章した。退職後、退職金も預金もすべてつぎ込み、アルバムソフトの会社を立ち上げた。デジタルカメラで撮影した写真を、紙のアルバムと同じように手軽に見やすく整理する新商品だったが、思惑は外れた。スマートフォンで撮影した写真はそのまま機器に

小星社長は会社員時代の経験を経営に生かす

保存され、クラウドの進展もあってアルバムソフトはその役割を失った。

全財産を失ったが、小星氏は政府系金融機関などの支援を受け、ホットアルバム炭酸泉タブレットを立ち上げた。きっかけはコニカミノルタ時代に長期出張先のドイツで出会った重炭酸温泉だ。ドイツにはクアオルトという温泉療養施設が多い。重炭酸温泉をタブレットにすることができれば、家庭で手軽に重炭酸泉を再現できると考えた。研究を重ねて重曹、クエン酸、ビタミンCから重炭酸泉の素をタブレット化した。「血流を良くし、体温を上げて病気を防ぐことができる」と小星氏は説明する。他社にOEM提供もしており、これも含めて年間18億円のヒット商品になった。29年の株式上場を目指しており、実現すれば小星氏は84歳、史上最

TWOの東社長は健康とおいしさの両方を追求する

年長の新規上場企業社長となる見込みだ。シニア活躍時代の象徴的な存在になりそうだ。

睡眠にビジネスチャンスを見いだす企業もある。株式会社TENTIAL（テンシャル、東京・中央、中西裕太郎社長）は、就寝時に着用すれば疲労回復効果が期待できるBAKUNE（バクネ）というナイトウエアを開発し、21年2月から3年で累計30万枚を売り上げた。中西氏は高校時代にプロサッカー選手を目指し、全国大会にも出場したが、心臓の病気で断念した。テンシャルを起業したのは23歳の時だ。

バクネは体温を伝導、吸収して血行を改善する効果がある。今では年間20万枚売れており、これだけで年間40億円の売り上げになる。「いずれはアジアなど世界に乗り出したい」と中西社長は話す。

食の世界でも健康を意識するビジネスが広がる。株式会社ＴＷＯ（東京・渋谷、東義和社長）は、植物由来の材料しか使わないクロワッサンを開発、24年3月に販売を始めた。東氏は24歳でＰＲ会社を起業し、外資に売却して２０１５年にＴＷＯ社を立ち上げた。「健康を重視した食品は味がいまひとつのものも多い。健康とおいしさの２つとも欲しいという意味で、会社名をＴＷＯにした」（東社長）という。

クロワッサンはバターの代わりに植物由来の油脂や米発酵物を使い、糖質やコレステロールを減らした。健康を損なう社員が多い企業は生産性が低下し、株主からも厳しい目が向けられる。入浴や睡眠など日常生活の中で健康を維持できるならば続けやすい。高齢化社会の課題を解決する１つの手掛かりになる。

働き方改革にビジネスチャンスあり

会社員は50歳代になると、定年後の人生設計を考えることが多くなる。会社に残っても60歳以降の雇用に不安があるなら、思い切って会社を辞める選択肢もあるだろう。ダイキチ（本社大阪市、小田吉彦社長）は、そんな人たちの受け皿として注目される企業だ。ビルなどの清掃をフランチャイズ・チェーン（ＦＣ）制度で請け負う清掃ＦＣビジネスを手掛ける。

「FCの定着率81%というのは、日本で一番ではないか」（小田社長）

ダイキチは米国のビル清掃会社、カバーオール社の日本の総代理店になり、大阪府、兵庫県を中心に西日本エリアをカバーしている。

FC応募者の多くは50歳代の男性だ。大手製薬会社から転身した50代前半の男性は、「10年ほど年次が上の世代は、60歳以降もグループ会社や取引先で処遇してくれた。今は60歳以降のポストが不足している」との不安が消えず、希望退職の募集に応じてFCオーナーになった。

仕事は本社があっせんしてくれるので、自分で営業する必要はない。売り上げの回収や振り込みの確認など経理上の管理業務も本社が代行する。会社員の中には60歳で退職後、年金が支給される65歳までの間、仕事がない空白期間になると懸念する人もいる。「ダイキチのＦＣになれば、自分の体力や必要な金額に応じて、60歳以降も清掃の仕事を続けることができる」（小田社長）。

ダイキチがこの事業を始めて26年間で１３０６人がＦＣに応募した。そのうち１０５８人が残っている。「ＦＣの定着率81％というのは、日本で一番ではないか」（小田社長）。ＦＣの月間売上高の平均は87万円で、毎年１００人程度が新規ＦＣとなっているという。

日本には50歳代の男性が８７０万人いる。団塊ジュニア世代が多く、60歳以降に年金だけで生活できるのか、不安に思う人が多い。ダイキチの次のターゲットは60歳代のシニア層だ。60歳代は体力もある。自分の裁量で生活を豊かにする資金を確保できれば、将来の安心材料になる。清掃会社のＦＣオーナーという働き方は、会社勤めを終えた第２の人生の選択肢として注目されそうだ。

個人の資産運用ニーズに応える

２０２４年に新しい少額投資非課税制度（新ＮＩＳＡ）が始まり、個人の資産運用に対する関心が急速に高まっている。日銀の17年ぶりの利上げで、銀行預金の利率は20倍になったとはいえ、まだ年利０・02％では魅力はない。

高CEOは大型物件も小口化の対象になり得ると話す

比較的少額での短期投資、高い利回りが狙えると注目されるのが、マンションやオフィスビルなどの不動産へ、1万円から資金を投じるクラウドファンディング型の投資だ。投資期間が数カ月から1年程度と短く、年換算した利回りは8－10％程度と高い。債券投資に比べたリスクを認識することは必要だが、新しい短期の資産運用手段として広がる可能性がある。

ジャパン・プロパティーズ（東京・港、高将司CEO）は23年6月から、クラウドファンディング型の不動産投資を手掛けている。商品名はLEVECHY（レベチー）で、第1号案件となった都内豊島区のマンションは期間1年、想定利回り10％で募集したところ、17億円の応募があった。第2号の港区のマンションは期間が1年、想定年利回りを8％に設定し、19億円の応募があった。こうした事業を手掛けるには、不動産特定共同事業法の第1号、2号免許登録が必要で、信託受益権など「みなし有価証券」を販売できる第2種金融商品取引業の免許登録も不可欠だ。ジャパン・プロパティーズはさらに不動産特定共同事業法の第3号、4号免許を登録しており、案件ごとに特別目的会社を設置、万一の場合も投資家の資産を保全できる仕組みを取っている。高CEOは「この手法ならば金融機関からの借り入れも組み込めるので、大型の物件でも小口化の対象になる」と語る。

不動産の詳細はネットで開示されており、投資家は現地に足を運んで確認することも可能だ。1人あたり1回の平均投資金額は40万円程度で、最も多い年代は40歳代だ。矢野経済研究所によると、日本のクラウドファンディング市場の規模は22年度に約2000億円だ。うち不動産型は14％程度と低く、これから普及していけば伸びる余地が大きい。

このビジネスモデルは不動産以外でも使える。クラウドファンディング型の小口化投資の対象として、例えば飲食店を開業したい人がクラウドファンドで小口資金を募集し、開業後に売り上げから配当を支払う案件などが考えられる。アイドルグループやロックバンドなどがライブを企画し、クラウドファンドで資金を集め、チケット収入やグッズの売り上げから配当を支払うなどの案件も想定できる。

第2のウェルスナビになるか

資産運用ビジネスで急成長を遂げたウェルスナビ。ノーベル賞受賞者が提唱する理論に基づいて、長期・積立・分散の資産運用を自動で実現するロボットアドバイザーの運用会社だ。2015年に創業、16年7月に正式に業務を開始し、7年9カ月後の24年5月、預かり資産は1兆2000億円を超えた。2020年12月、東証グロース市場に上場している。

筆者がウェルスナビに注目したのは、正式業務開始の1年後、2017年7月だった。創業者の柴山和久CEOのユニークな経歴に興味を持ったのがきっかけだ。東大法学部から大蔵省、米ハーバード大学に留学までした超エリートが、官僚をすぱっと辞めて起業した。今でこそ、官僚を辞める若者は増えているが、あのころはまだ珍しかった。当時39歳の柴山CEOにお会いし、日本経済新聞夕刊のコラム「人間発見」で5回の連載をした。預かり資産はまだ175億円だった。インタビューで柴山氏は2020年に預かり資産を1兆円にすると宣言していた。少し時間はかかったが、見事に公約は達成された。

24年5月、ウェルスナビが登場した時と似ているな、と感じた証券会社が立ち上がった。スマートフォンで米国株に投資できる証券会社、ブルーモ証券（東京・中央、中村仁CEO）だ。中村氏のキャリアが柴山氏に似ていた。年齢も37歳、筆者が柴山氏に初めて会った時と近い。東大法学部から財務省、米スタンフォード大学に留学したが、官僚人生に疑問を感じ、辞めた。

中村氏は東大入学時、飲食業を営む実家が左前になり、入学金が払えなかった。若い世代にお金で苦労させたくない、資産作りのお手伝いをしたいとの思いから、ブルーモ証券を立ち上げた。老後2000万円問題を契機に、若い世代には将来不安が根強い。銀行預金の利息は低く、政府は資産運用を促すが、その方法がわからない。そんな若者に、わかりやすく始めやすい投資手法を提示し、心配のタネを取り除きたいと考える。20代、30代の若者を主なターゲットに、米国の主力大型株に少額投資できる仕組みを立ち上げた。自分で投資対象の企業を選び、資金配分のバランスを指定すると、自動で円資金をドルに換え、投資してくれる。いわばオーダーメード、自前の米国株投資信託をつくるようなものだ。

開業前の段階から口コミで1500人ほどが口座開設の予約をした。中村氏は「1年後に1万人の顧客獲得が目標」と語る。筆者は24年2月、日本経済新聞夕刊のコラム「フォーカス」で中村氏にインタビューした。2017年7月に柴山氏にインタビューした時と同じような将来性、可能性を感じた。ブルーモ証券がウェルスナビのように近い将来、上場できるかどうか、見守りたい。

日本の文化をスマホで読むビジネス

日本が世界に誇る文化の1つが漫画だ。最近はスマートフォンやタブレットで読む人も増えている。ネット漫画のビジネスは年間400億円の市場規模だ。スマホで読む漫画を世界に向けて発信するビジネスを手掛けるのが、Libalent（リバレント、東京・新宿、相澤崇裕社長）だ。リバレントはスマホ専用のオリジナル漫画を作成し、画面を縦にスクロールする「縦読み」で配信する。

スマホ漫画はこれまで、雑誌などの漫画をそのままスマホの画面用に加工したものが大半で、画面を横に動かして読むものが多かった。縦にスクロールして読む漫画では、1画面に1つのシーンしか描かない。せりふの吹き出しも大幅に削減、背景画も簡略化して、読み手がストーリーに集中できるようにしている。

縦読みスマホ漫画は韓国で生まれ、ウェブトゥーンと呼ばれて若者世代に広がっている。1作品で1億円を売り上げる作品もあるという。リバレントはこれまで集英社の雑誌に掲載された「Dr.クインチ」を縦読み用に直したものや、同人漫画誌の作品を描き直して配信している。今後は太田出版、双葉社、河出書房新社、学研ホールディングスのほか、小説投稿サイトのテラーノ

相澤氏は以前は、ユーチューブ動画を制作する仕事をしていた

ベルと提携し、各社が版権を持つ純文学作品などを原作とする漫画をスマホ用として配信する。

大手出版社の雑誌でデビューできる漫画家は少ない。相澤氏はリバレントを立ち上げる前、ユーチューブ動画を制作する仕事をしていた。「テレビで芽が出なかったタレントがユーチューブで花開いた例もある。紙の漫画でチャンスがなかった若手が、スマホ専用漫画で才能を発揮するかもしれない」（相澤氏）と考える。

海外への発信も計画しており、まずは漫画を課金してスマホで読む人が多いタイでの配信を急ぐ。いずれは海外での売り上げが過半となる体制を目指す。ニッチ（すき間）な市場を狙ったユニークなビジネスだが、日本らしい強みを生かせる分野でもある。注目していきたい。

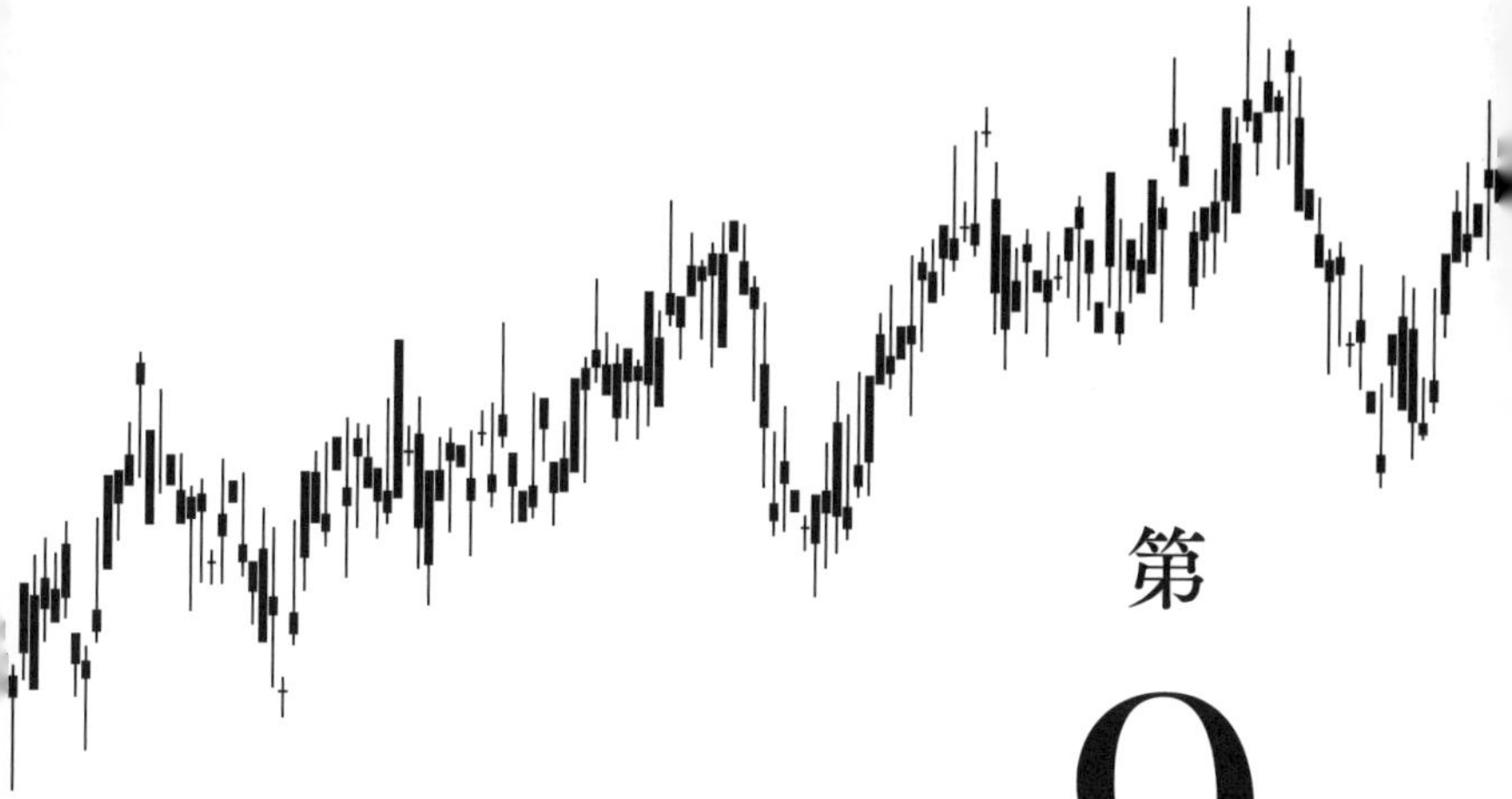

第9章

日本株　黄金の時代が始まる

私の見方、日本株はこれからどうなる

INTERVIEW

1

日本取引所グループ（ＪＰＸ）ＣＥＯ

山道裕己氏

２０２１年４月に東京証券取引所の社長になり、22年４月に市場区分を見直し、プライム、スタンダード、グロースの３つの市場に再編した。その時、これはゴールではなくスタートだと言ったが、批判的な意見も含め、理解されるには丁寧な説明が必要と考えて自分がどんどん前に出て説明しようと、メディアのインタビューやイベントの登壇など引き受けた。23年４月にＪＰＸの最高経営責任者（ＣＥＯ）になった。プライム市場、上場企業の約半分がＰＢＲ１倍割れという状況も踏まえ、23年３月に「資本コストや株価を意識した経営の実現に向けた対応について」という要請を出した。そこから上場企業の意識が変わってきた。

24年３月に日経平均株価が４万円を超えた背景の１つに、東証の要請があるとは思うが、日本の株式市場がこの10年くらいで積み上げてきた様々な改革が、一気に花開いた結果だと思う。例えば、コーポレートガバナンス・コードにしても、２０１５年から徐々に浸透し始め、１年ごとの進捗は小さくても、8年ぶりに日本を見に来た海外投資家の目には、ずいぶん進んだなという印象を与えたはずだ。社外取締役の数について「早く2分の1以上にしろ」とうるさく言ってくる海外投資家もいたが、改革が動き出したことを彼らも肌で感じたのだろう。最近は言ってこなくなった。

日本取引所グループ（JPX）CEO
山道裕己 氏

政府の支援も大きい。安倍内閣から菅内閣、岸田内閣までコーポレートガバナンスの改革を一貫して支持していただいた。22年末に決まった新しい少額投資非課税制度（新NISA）の効果は大きい。岸田内閣の「新しい資本主義」の目玉政策の1つ、「スタートアップ育成5カ年計画」も評価している。

中国に向かっていた海外投資家は、新規投資はもちろん、すでに投入していた資金を日本に向けている。日本は治安もいいし、民主主義法治国家だ。経済規模もマーケット規模も大きい。彼らが安心して投資できる国のリストの筆頭に日本がある。

ここから先、大きな政治リスクや中国経済の急激な悪化、地政学リスクなどがあれば、調整は当然あるだろうが、今の日本株相場が自立的に悪くなるシナリオは想定していない。25年3月期の企業業績も強気の予想が多いし、デフレ脱却も進んでいる。1990年にバブルが崩壊したような形で、今の相場が崩れることはないだろう。今の状況はPERが16倍台から17倍台であり、22－23倍台の米国に比べてもバブルとは言えないと考えている。

一般的な個人には株価上昇の実感がないという声も聞くが、年金積立金管理運用独立行政法人(GPIF)の運用などを通じて、株高は確実に国民の資産を増やしている。年金の資産が増えることで、いずれ好循環を生み出すだろう。

個人投資家の参加が増えていると実感している。JPXの株主数は22年3月末に6万2000人と過去最高になった。そこから23年3月末に13万5000人と、さらに増えて2倍以上になった。新NISAを待つまでもなく、個人は動き出していた。JPX株は配当利回り3%程度で推移していたから、経営の安定性を評価し、長期保有する個人が多いのだろう。23年に2000円台だった株価は4000円を超え、配当利回りが2%台になっても、24年3月末は12万6000人と個人株主は減らなかった。

これから先、日本経済に課題もある。例えば人口減への対応は必須だ。宅配便の配送や自動販売機への商品補充など、最後は人間が関与する仕事は残る。こういう分野の労働力は海外から持ってくることも必要だ。すでにサービス業などの一部では海外労働力への依存が始まっている。今の生活水準を維持するには、ある程度の海外労働力の取り込みは不可欠だろう。

働き方改革も、どこかで見直すタイミングがあるかもしれない。労働時間が伸びても自分は頑張りたい、仕事をしたい、早く仕事を覚えてプロになりたいと思う人はいる。一律に労働時間の規制をかけるのではなく、特にホワイトカラーの仕事については、柔軟な対応を考えるべきだろう。

これから5年後、10年後に向けて、成長性のある若い企業がどんどん出てきてほしい。そのためには東証だけでなく、幅広い支援が不可欠だ。失敗を許す文化も必要だ。生まれたばかりのタネの段階の会社に資金を付けるのはエンジェルと呼ばれる個人だ。そこから芽が出てくるころ、ベンチャーキャピタルが出資する。設立10年以内、評価額10億ドル以上のユニコーン企業を作るには後期段階での支援が必要で、未上場株の流通市場をどうするかといった議論も必要になる。プロ投資家の規制も緩和されたが、東京プロマーケットももっと使いやすい仕組みにしたい。

米国ではＧＡＦＡＭのような新興の成長企業が多いというが、米国はむしろ特殊で、多種多様なリスクテーカーが重層的にいる稀有なマーケットだ。同じ仕組みをそのまま日本に持ってくるのは難しい。グロース市場の活性化は課題だが、特効薬はない。地道にやっていくしかない。

やまじ・ひろみ　1955年生まれ、77年京都大学法学部卒、野村証券入社。横浜での支店勤務、米国ペンシルベニア大学留学、ニューヨーク現地法人勤務などを経て、98年取締役。2000年常務ロンドン現地法人社長、07年専務。2013年大阪証券取引所社長、21年東京証券取引所社長、23年日本取引所グループCEO。野村時代は指折りの国際派で、2008年のリーマン・ブラザーズ買収では責任者として先頭に立った。今も欧米大手投資銀行のトップに太いパイプを持つ。

INTERVIEW

2

大和証券グループ本社　特別顧問（前会長）日比野隆司氏

2023年から日本株は上昇気流に乗っていた。30年近くデフレが続き、そこから脱却するため、超金融緩和とともにずっと財政出動を続けてきた。24年3月にやっと金融政策も脱デフレモードに入った。

23年11月に経団連の金融資本市場委員会の視察でシンガポールに行った時、とても驚いた。シンガポール政府投資公社（GIC）など現地の巨大投資家に会うと、みんな日本株へのスタンスが超ポジティブだった。彼らは今世紀に入って以降、ずっと日本株の先行きに弱気だった。アベノミクスの時代でも見方を変えなかった。日本の不動産には投資しても、日本株は魅力がないと言っていたのに、投資先が不動産から株式へと、大きく広がっていた。

円安もあり海外の運用担当者が日本によく来るようになった。彼らは「日本はこんなにいい国だったのか」と一様に驚く。安くてきれいで魅力がある。23年からの海外投資家の買いは腰が入った買いで、簡単には止まらないだろう。印象で言えば、日本株を爆買いしているように見える。

大和証券グループ本社　特別顧問（前会長）
日比野隆司 氏

24年3月に世界最大の資産運用会社、米ブラックロックの日本進出25周年パーティーがあり、ラリー・フィンクCEOと話す機会があった。彼は「日本の時代がついに来た」と日本株の先行きに強気だった。30年間デフレの逆風で鍛えられた日本企業に期待をしていた。ブラックロックは23年秋、日本株を久々にオーバーウエイトにした。追随した海外の機関投資家も多かっただろう。バフェット氏は著名投資家だが、機関投資家への影響度を考えれば、ブラックロックが日本株をアンダーウエイトからオーバーウエイトに変更したのは大きかった。

中国は不動産バブルへの対処に苦闘する中、人口減にも直面する。中国との対比でも、日本株の魅力は高い。企業業績は25年3月期も2桁増益が見込める。前提為替レートは1ドル145円程度なので、多少の円高でも減益の心配はなく、相場のトレンドは上向きだろう。当面、企業の純利益は8%程度の増益が期待できる。

2030年度まで8%の利益成長が続けば、PERが現状レベルの約17倍なら、日経平均は7万円に達する計算になる。首都直下型地震とか台湾海峡封鎖など突発的な有事でもない限り、途中に10%程度の調整は挟んでも、上昇基調は続くとみる。

人口減は懸念材料だが、人工知能（AI）、デジタルトランスフォーメーション（DX）、ロボットの活用などでカバーできる。むしろ人手不足がトリガーになって、対応策が急速に進む時が来るだろう。中国も含め、世界主要国はこれから人口減少に直面する。ロボットは特に日本の得意分野だ。課題先進国の日本が、その解決策を世界に輸出する。そんなビジネスが広がりそうだ。

89年のバブルと今との最大の違いは、外国人投資家の存在感だ。89年当時、外国人投資家の持ち株比率は4％程度だった。80年代の前半は10％程度あったのに、バブル膨張の中で4％まで落ちていた。それが今や30％を超えている。欧米の投資家からみても、日本株は信頼できるマーケットになった。海外投資家がグローバルな視点から日本株の魅力は高いとみているのだから、日本人も慎重居士にならず、ここはチャンスを生かすべきだ。

日本の個人投資家の姿勢も徐々に変わってきた。24年2月から3月のように、相場が急騰すると個人の利益確定売りが膨らむが、今回は新ＮＩＳＡの買いで、ある程度は売りを吸収できた。政策投資株や持ち合い株も減っており、売り手が細っている。強いて言えば、日銀が保有する時価70兆円の株式（ＥＴＦ）の行方が気になるくらいだ。

日銀は時間をかけて、対応するだろう。２００２年から取得した株式は、毎年、数千億円ずつゆっくり売っている。日銀の保有株売却は、日本でこの先、資産インフレになり、売り手が極端に細くなるような場面があれば、多めに売却するなど、調節弁としても活用できるのではないだろうか。

バブル崩壊から34年。これだけ長く我慢したのだから、少なくとも10年くらいはいい時期が続いてほしい。34年間の逆風下でも、日本人は社会不安を起こすことなく、みんなで痛みを分かち合って、生き抜いてきた。個人も企業も筋肉質になっている。大規模な天変地異や地政学的要因で日本の国債の格付けが下がると、ジャパンプレミアム的に資金調達が厳しくなるかもしれないが、リスク要因としては、そのくらいしか浮かばない。

89年のバブルは、ずっと堅実にやってきた日本人が、初めて持ちなれぬ大金を手にした時代だった。みんなで無茶苦茶なことをした。東京23区の地価で米国全土が買えるなど、今では考えられない話が大手を振って、まかり通っていた。お金の使い方がわからないままお金持ちになってしまったから、正しい投資の仕方を知らず、世界中で不動産投資に走って失敗した。大和証券もオーストラリアに複数の保養所を持っていた。営業成績が優秀な社員の報奨旅行などで活用していたが、売却した。

今回はこうしたバブルの心配はない。企業業績に裏付けられた株高だし、中国との対比でみても日本株の魅力は揺るがない。新ＮＩＳＡは２０２７年までに３４００万口座、56兆円という目標を政府は掲げるが、年間十数兆円のペースで増えており、かなり前倒しで達成する勢いだ。積立型は海外投資が過半のようだが、成長投資枠では日本株投資が多い。積立ＮＩＳＡは相場の調整局面でも投資をやめないことが大事だ。

ひびの・たかし　1955年生まれ、79年東京大学法学部卒、大和証券入社。債券部、ロンドン現地法人、社長室など経て、99年グループ本社経営企画部長。2004年常務執行役員、09年副社長、11年社長、17年会長、24年特別顧問。ハーバード・ビジネス・スクールに留学、日本経済団体連合会副議長も務める。大和のプリンスと呼ばれ、早くから社長候補だった。社長在任時の2014年3月期に最高益を更新した。

INTERVIEW 3

グレンコア元会長、事業家、投資家　サイモン・マレー氏

日本経済と日本の株式市場の先行きに、私はとても楽観的だ。理由は世界を見渡してみて、日本は他のどこの国、地域と比べても、良い状況にあるからだ。日本企業の収益力は高まっているし、賃金が上がり始め、働く環境もかなり良くなっている。

唯一、難点があるとすれば、言葉の壁だろう。海外から仕事で日本を訪れる人は増えているが、ほとんどの外国人は日本語を話せない。私もそうだ。私の娘は日本語を理解するが、これは少数

派だ。せめて英語でもう少しビジネスができるようになれば、海外からの直接投資、間接投資はもっと増えるだろう。

世界の投資資金は近年、中国に向かっていたが、中国は経済の先行きにリスクが大きい。私は長く香港をベースにビジネスをしてきたが、ここまで中国経済の先行きに不透明感が強いのは、初めてだ。米国も景気の先行きがみえにくい。米国は今、強いリーダーを求めているから、トランプ大統領に期待する声は多い。

グレンコア元会長、事業家、投資家
サイモン・マレー 氏

2016年にトランプ氏が大統領選挙に挑んだ時、日経のテレビインタビューに答えた（2016年9月、筆者がサイモン・マレー氏にインタビューし、BSテレビ東京の「日経プラス10」で放映された）。あの時はヒラリー・クリントン氏が優勢との声が大きかったから、トランプが勝つと断言したら、びっくりされた。当時、私は共和党の重鎮で元国務長官のヘンリー・キッシンジャー氏と親しかったから、現地の水面下での大きな流れを知っていた。キッシンジャー氏は23年11月に亡くなったが、米国民はバイデン大統領に失望している。トランプ大統領再登場の可能性は高いだろう。トランプ氏がどんな政策を取り、それが日本や世界の経済にどんな影響を与えるのか、今の時点ではっきり言えることは少ない。

私は今も日米欧の大企業で社外取締役やアドバイザーをしている。世界を見渡しても、欧州はこれから景気が下り坂で、魅力のあるビジネスは望めない。米国は不透明な要素が多い。中国はもっと先行きが見えない。消去法で考えても、当面は、日本が最も有望な投資先ということになる。

日本には注目すべき企業が多い。三菱商事、三井物産は私の長年のビジネスパートナーだ。事業モデルも素晴らしく、まだまだ成長が期待できる。日本の総合商社が好調なのは、日本経済そのものが好調だからだ。商社は日本経済のバロメーターでもある。私はバフェット氏が注目するよりずっと前から、日本の総合商社に注目していた。

ソニーグループなど日本のテクノロジー企業も魅力だ。特筆すべきは自動車メーカーだ。トヨタ自動車はうまく経営している。世界は一時、電気自動車（EV）でなければ自動車じゃないとばかりにEVに走ったが、見直す動きが強まっている。トヨタが得意とするハイブリッドカーへの関心が高まっている。私はもともと、EVを過剰に評価する流れに懐疑的だった。

海外から日本への投資の波は、これから一段と盛り上がるだろう。東京はアジアのゲートウエイになる。世界の企業がアジアに目を向ける時、今まではシンガポール、香港、上海あたりがゲートウエイになっていた。これからは東京がその役割を果たすことになるのだろう。インフラの整備も進んでいる。
私は日本が大好きだから、年に2、3回は訪問するし、友人も多い。古くからのビジネスパートナーもいる。課題はやはり言葉の壁だろう。日本では英語教育が強化されているそうだが、香港やシンガポールなどアジアの主要ビジネス都市では、なんら問題なく英語でビジネスができる。10年後、20年後、英語を子供のころから習っている世代がビジネスの現場で活躍するころには、国際ビジネス都市としての東京の魅力は高まっていることだろう。

さいもん・まれー 1940年英国生まれ。20歳でフランスの外国人部隊に志願、入隊。アルジェリア戦線で九死に一生を得る。その時の体験を期した著書『外人部隊』は世界的なベストセラーに。ドイツ銀行アジア会長、ドイツテレコムアジア会長、グレンコア会長など歴任。現在は多くの国際企業で社外取締役や経営顧問を務める。ロンドンと香港をベースに、今も世界のビジネスの現場を飛び回る。冒険家でもあり、60歳代で南極点到達、サハラ砂漠横断など数々の冒険に成功している。

INTERVIEW 4

ウェルスナビ代表取締役CEO 柴山和久氏

私がウェルスナビを起業したきっかけは、米国人の妻の両親と私の両親の金融資産の格差に愕然としたことだ。年齢、学歴、職歴などのキャリアに大きな差はないのに、金融資産に10倍もの差があった。資産はほぼ預金だった私の両親と、長期・積立・分散投資をしてきた妻の両親の間で、ここまで差ができた。米国の普通の人ができる資産形成の手段を日本にも作りたい。働く世代が無理なく続けられる投資手法を示したい。そんな思いでウェルスナビを立ち上げたのが2015年だ。

私の両親の世代は、それでもまだ恵まれていた。かつて退職金は平均2000万円を超えていたし、年金も今より充実していた。資産運用をしなければいけないという危機感はなかった。それが今、終身雇用制が崩れ、少子化が進み、退職金や年金だけに依存する将来設計は難しくなった。老後2000万円問題をきっかけに、将来に向けた資産運用を意識する人が増えた。働く世

ウェルスナビ代表取締役CEO
柴山和久 氏

代の運用手段の1つとして、ウェルスナビがある。

起業したばかりのころ、5年後の2020年に預かり資産1兆円を目指すという目標を掲げた。コロナ禍を考慮すれば、24年5月、スタートから10年足らずで1兆2000億円までできたのは、まあ順調だと評価していいのではないか。

預かり資産1兆円はゴールでなく、スタートだと思っている。日本の個人金融資産2000兆円のうち、0・05%に過ぎない。次の10年で、預かり資産20兆円を目指す。それでもまだ1%だ。22年末時点で、日本の個人金融資産は現預金が54・4%、株式や債券、投資信託などは18・2%だ。米国では現預金は13・4%、株式や投資信託などは54・9%だ。米国並みになるのは無理だろう。日本は社会保障が充実しており、家計に占める医療費の割合は低い。社会保障が充実しているほど、預金で十分と考える人が多くなる。状況が異なる米国の方が資産運用への切迫感が強くなる。一方、ドイツは現預金が42・8%、株式や投信などが26・8%だ。フランスも同じく31・3%、29・7%だ。日本はこれから10年先、欧州並みの株式や投信保有比率が目標になるだろう。もしドイツ並みになれば、10％分、200兆円の資金が株式市場や債券市場に流入することになる。

ウェルスナビの40万人の顧客のうち、8割以上が20代から50代の働く世代だ。一方で個人金融資産は7割近くを60代より上の世代が持つ。60歳以降でも働く人が増えている。65歳から69歳の働いている人は、2011年に36％だったが、21年には50％に増えた。現状はもっと増えているだろう。働く人の資産運用であるウェルスナビは、50代から始めても遅くない。

新NISAは追い風になっている。積立期間が無制限になり、使いやすくなった。ウェルスナビの顧客は67％が投資経験ありで、初めての投資が当社だった方は33％だ。それが新NISAに対応した口座に限ってみれば、約半分が初めて投資する方だ。

積立投資には「1年の壁」がある。せっかく始めても、半年から1年でやめてしまう人がいる。始めてから1年以内だと、資産の増減がプラス1％からマイナス1％あたりで、この動きの乏しさがストレスになる。当社の顧客の例では、積立期間が2年を超えると、収支がほぼプラスになり、3年経過で62％がプラス20％以上、5年経過で91％の方がプラス20％以上のリターンになっている（24年3月末時点）。

2020年、コロナ禍で株式相場は調整したが、こういう場面でやめてしまうのはもったいない。これから先も日本の株式市場はリーマン・ショックやコロナ禍のような調整局面があるだろう。10年、20年という期間でみれば、途中の調整は乗り越えられる。将来に向けた資産作りのニーズはますます高くなる。テクノロジーの進化が運用手段の民主化を実現した。働く人たちが安心して資産を作るお手伝いを、これからもしていきたい。

しばやま・かずひさ　1977年生まれ、東京大学法学部卒。大蔵省、ハーバード・ロー・スクール修士課程修了、英国財務省など経て、2009年財務省退職。欧州経営大学院（インシアード）留学後、マッキンゼー勤務。15年にウェルスナビを起業、16年から業務開始。20年東証マザーズ上場。働く世代に向け、ロボットアドバイザーを活用した長期・分散・積立による資産運用を呼びかけている。

INTERVIEW 5

AKB48メンバー　武藤小麟氏

投資に関心を持ったのは、高校時代です。父と姉（AKB48元メンバー、武藤十夢さん）が夕食の時、株式市場の話で盛り上がっていたんです。父は投資歴が長く、姉はマネー雑誌で連載を始めたころで、「次にどんな銘柄が来そうだ」とか、楽しそうに話していたんです。私も話の輪に入りたかったのですが、当時は何の知識もなく、ちょっと寂しかった。

大学に入って、講義でＮＩＳＡについて聞きました。「私もできるんだ」と知り、証券口座を開設しました。ちょうど姉が出ていたマネー雑誌から私も声をかけていただき、投資を体験入門的に始めました。

AKB48メンバー
武藤小麟 氏

投資を始める前は、株式しか知りませんでした。投資信託というものがあると聞き、「それって何？」という感じだったのですが、長期で毎月積立投資をすれば、リスクが小さくなる、若いうちから始めるといいよと聞きました。「ならやってみよう」と始めたのが、日経平均株価とＮＹダウの指数に連動するインデックス投信です。毎月３０００円ずつ、コツコツ積み立ててます。２０１６年から始めて、収支はずっとプラスです。私は何もしていないのに、私のお金が働いて、資産を増やしてくれている。そんな感じがして、嬉しいです。

投資を始めて良かったのは、まずニュースをよく見るようになったことです。海外のニュースが日本の株式市場に影響があるなんて、投資をするまで知りませんでした。街を歩いていて、にぎわっているお店をみても、前なら「混んでるなあ」くらいにしか思わなかったですが、今は「どの会社が経営しているのだろう」「どんな戦略で集客しているのだろう」とか考えるようになり、情報収集のレベルが上がった気がします。

新NISAが始まって、AKB48のメンバーの間でも、投資に関心を持つ人が増えています。「どうやって口座を作るの」「投資先をどうやって決めるの」とか、いろいろ聞かれることが増えました。ネットで自分で調べてもわからないというので、姉と一緒に、メンバーを集めて新NISAの勉強会をやりたいねと話してます。

私もメンバーたちも共通するのは、将来のお金に対する不安です。老後2000万円問題をきっかけに、私の周りでも資産運用に興味を持つ友人が増えました。これから先もやりたいことがきっと出てくる。その夢をお金を理由に諦めたくない。

将来自分が家庭を持った時、子供がやりたいと思うこと、例えば海外に留学したいとか、習い事に打ち込みたいとか思った時、お金を理由に諦めさせるのは絶対に嫌です。私たち姉妹は大学院まで行かせてもらい、自分の好きな道を歩かせてもらった。両親には感謝しかないです。私も自分の子供の夢はサポートしたい。お金がないから我慢してねというのは辛いですよ。

だからこれからも積立投資をずっと続けて、将来の資産形成につなげたい。そろそろ毎月の積立額を増やそうかなと思っています。銀行預金の利率は0・02%ですから、100万円預けても利息は年に200円です。資産運用の手段として魅力はないですね。

積立投資のいいところは、毎月一定の金額分を買うので、相場が下落した月は同じ資金でいつもより多く買えることです。株価が下がると辛いですが、毎月積立だと、「今月はたくさん買えるぞ」と前向きな気持ちになれます。下げ相場でも精神的なストレスが少ないのは、長く投資を続けるうえで、とても大事なことです。

投資をするようになって、人生観も変わりました。例えば旅行とか買い物とか出費をしても、それは自分への投資だと思えるようになりました。いろいろな人生経験が自分の成長につながるなら、「これは投資だよな」と思うようになりました。逆に、これは自分への投資にならないと思うような無駄遣いは減りました。

ファンの方の中には「自分も投資始めたよ」という方もおられます。推しのアイドルが投資をしているからというのが始める理由だったとしても、まずやってみること、それが大事だと思います。握手会などでファンの方と、投資の話をすることもあります。ファンの方々はいろいろな業界で働いておられるから、知らない世界の話を聞くのは、私も勉強になるんです。

投資に詳しいアイドルは、それほど多くないので、投資は自分にとって武器になると思います。ＡＫＢ48はメンバーの数が多いから、何か自分の武器がないと、埋没してしまいます。投資の知識は人生を生きるうえでも大事なものだし、それを私が発信することで、誰かの人生を良く変えることができるかもしれない。投資に関する情報発信を通じてアイドルの仕事の幅が広がれば、素晴らしいですよね。

投資を始めて、いろいろなことを知りたい、挑戦したいと、人生が前向きになりましたね。資格にもチャレンジしたい。世界遺産検定は2級に合格したので、1級にトライしたいし、漢字検定の1級も挑戦したいです。投資をすることで人生が楽しく、豊かなものになりました。ずっと続けていきます。

むとう・おりん　２０００年生まれ、成城大学経済学部卒、同大学院在学中。２０１６年ＡＫＢ48の16期生としてデビュー。姉の武藤十夢さんもＡＫＢ12期メンバーだった。ライブのパフォーマンスの切れ味に定評があり、21年、精鋭が集うチームＡに抜擢される。20年世界遺産検定2級合格。特技は空手で、小学校時代に全国大会で準優勝した。名前の「小麟」は、生まれた２０００年にシドニー五輪があり、オリンピックにちなんで付けられた。自身の投資経験をメディアやＳＮＳなどで発信している。

おわりに

株式市場には、世の中のありとあらゆるものが反映される。経済ニュースはもちろん、政治ニュース、国際ニュース、社会面ニュース、スポーツや芸能情報まで、あらゆる出来事が株式市場に織り込まれ、数値化される。それは多くの人々の送る日常生活の断面であり、その国の置かれた経済状況を如実に表す。

新聞記者として長くマーケットを取材してきた。あらゆるニュースが市場というフィルターを通じ、株価というわかりやすい数値データとして日々、伝えられる。日経平均株価とは何かという問いに、大学生など若い世代に説明する機会があると、こんなふうに話している。「日経平均株価は日本経済の気温のようなものだ」と。

高気圧に覆われ、空気が暖かくなると気温は上がる。寒波が押し寄せ、空気が冷え込めば気温は下がる。日本経済にとって良いニュースが増え、経済を取り巻く状況が暖まってくると日経平均は上がる。逆に悪いニュースが相次ぎ、景気が冷え込めば日経平均は下がる。

筆者が日本経済新聞社に入社して以来、日経平均株価は1万2000円台から3万9000円近くまで大きく上がり、7000円まで大きく下がった。そこから4万円まで、また大きく上がった。その間には良いニュース、悪いニュース、大きなニュース、目立たないが影響力のあるニュースなど、様々なことが起きた。東京株式市場という定点からその変化を観察し、報道する仕事は、さながら歴史の証人であり、実に楽しい仕事だった。本書を我が記者生活の集大成と位置づけたい。

出版にあたっては、日経BP・日経BOOKSユニット第1編集部次長の細谷和彦さんに、大変なご尽力をいただいた。前著『まだ間に合う日本株投資』、前々著『株はよみがえった』でお世話になった同第3編集部次長の野崎剛さんが橋渡しをしてくださった。この場をお借りしてお2人にお礼を申し上げたい。記者生活も39年目に入った。ゴールは近い。これまで出会ってくださったすべての方々、一緒に仕事をしてくださったすべての方々に、感謝の気持ちを改めてお伝えしたい。ありがとうございました。

2024年5月

日本経済新聞　編集委員　鈴木亮

〈著者紹介〉
鈴木　亮（すずき・りょう）
日本経済新聞　編集委員

1985年早稲田大学政治経済学部卒、日本経済新聞社入社。東京本社編集局証券部記者、欧州総局（ロンドン）駐在、証券部次長、日経金融新聞副編集長、月刊誌日経マネー編集長などを経て、2013年から現職。

主な著書に『まだ間に合う日本株投資』、『株はよみがえった』（いずれも日本経済新聞出版）、『上げ相場に乗り遅れたあなたへ』（日経e新書）、『ど素人でも経済ニュースがすぐわかる本』（PHP研究所）、『大学生に知ってほしい　日本経済の今とこれから』（エイデル研究所）、『塾不要　親子で挑んだ公立中高一貫校受験』（ディスカヴァー21）など。テレビ東京「昼サテ」、BSテレ東「日経モーニングプラスFT」、日経CNBC「昼エクスプレス」、テレ東BIZ「金曜3時のマーケットライブ～BullとBear～」、BSよしもと「小倉淳の47フォーカス」、ラジオNIKKEI「虎ノ門トレンド経済研究所」、NACK5「エコノモーニング」に出演中。

日本大学経済学部、関西学院大学非常勤講師。

日本株　黄金の時代が始まる

2024年6月25日　1版1刷
2024年7月19日　　　2刷

著　者　　鈴木　亮

発行者　　中川　ヒロミ
発　行　　株式会社日経BP
　　　　　日本経済新聞出版
発　売　　株式会社日経BPマーケティング
〒105-8308 東京都港区虎ノ門4-3-12

装丁　野網雄太
印刷／製本　三松堂
本文DTP　マーリンクレイン
ISBN978-4-296-12064-2